制裁与反制裁

何为　罗勇　著

当代世界出版社
THE CONTEMPORARY WORLD PRESS

图书在版编目（CIP）数据

制裁与反制裁 / 何为，罗勇著. — 北京 ：当代世界出版社，2022. 4
ISBN 978-7-5090-1564-3

Ⅰ. ①制… Ⅱ. ①何… ②罗… Ⅲ. ①国际制裁-经济制裁-研究 Ⅳ. ①F115

中国版本图书馆 CIP 数据核字（2022）第 040553 号

书　　名：制裁与反制裁
出 品 人：丁　云
统筹编辑：刘娟娟
责任编辑：魏银萍　姜松秀　马永一　徐嘉璐
装帧设计：今亮後聲 HOPESOUND 2580590616@qq.com · 小九
版式设计：韩　雪
出版发行：当代世界出版社
地　　址：北京市地安门东大街 70-9 号
邮　　编：100009
邮　　箱：ddsjchubanshe@163.com
编务电话：(010) 83907528
发行电话：(010) 83908410（传真）
13601274970
18611107149
13521909533
经　　销：新华书店
印　　刷：北京新华印刷有限公司
开　　本：880 毫米×1230 毫米　1/32
印　　张：8.25
字　　数：163 千字
版　　次：2022 年 4 月第 1 版
印　　次：2022 年 4 月第 1 次
书　　号：ISBN 978-7-5090-1564-3
定　　价：69.00 元

目 录

引言

在破碎和无序中寻找出路 3
从密切接触到分道扬镳的“Chinamerica”（中美国） 13
经济制裁升级为应对国际纷争的重要手段 23

1

制裁演变

从综合性制裁到定向制裁　31
金融制裁及其主要实施者　37
美国特写　44

2

戳爆制裁

愚蠢！这是金钱！ 55

戳爆制裁的系统性艺术 61

超级抢钱术 70

使用新金融力量对抗金融制裁 74

反制裁法律 82

3

制裁的潜规则

联合国大会是小国之救命稻草 95

联合国制裁的执行由谁说了算 100

联合国制裁的法理依据及边界 103

自发性制裁极具争议性 110

国际法院的角色与执行力 131

如何帮助因制裁而受到伤害的第三国 133

美国制裁执行机关 OFAC 败诉的背后 138

4

贸易制裁的效果

制裁无用论　145

制裁无用论的误区　151

制裁何时无效，何时有效？　158

定向制裁是解决方案吗？　177

5

金融制裁的效果

立竿见影 183

最终目标成功率 216

面对金融制裁的脆弱性分野 219

6

未来图景

未来世界中的中国 235

中国之于亚洲 244

在对抗性的经济竞争中自健其身 247

引　言

在破碎和无序中寻找出路

随着俄乌冲突的爆发，制裁与反制裁再次引起国际社会的广泛关注。制裁不是新鲜事物，但是制裁与反制裁的形式、手段、策略都在随着形势的变化不断演变。本书想要探讨的就是制裁与反制裁之间的博弈。

今天，我们的世界正在不可逆转地走向多极化的道路，美国战后建立的多方面支配地位将会逐渐收缩，地区性、行业性、军事性、不同科技类别的权威主导地位将由不同国家或跨国实体分享。但是，这个过程不会是一个诗情画意的过程，而是一个新旧势力较量、博弈，国家力量高度介入、重新争夺势力范围的过程。全球性规则、法律和制度将在头破血流的碰撞中重新建立，联合国、世界贸易组织（WTO）、国际货币基金组织（IMF）等将越来越多地体现新兴经济体的诉求，非政府力量——如社交媒体、大型跨国公司、民间团体等都在主动或被动地塑造着一个我们未曾预料过的世界。

不仅国家之间的关系在经历战后最大的动荡重组，而且主权国家内部也面临很多前所未有的挑战。如果我们回望过去10年的世界政治，就会发现在政权之外的组织力量已经大得让许多国家政府感到害怕。以比特币为代表的加密币及其生态正在挑战和颠覆传统金融的底层秩序；科技创新巩固了私有性和社会性力量，同时也带来了巨大的问题。从更大范围说，在西方国家，政府的威慑力和执行力在逐渐减弱；信息科技平台公司结合民间组织，积聚了前所未有的全球影响力，足以左右一些国家的大选结果，甚至造成国内政局动荡，例如“阿拉伯之春”运动导致大量难民流离失所。

有一点很清楚，与大多数历史时期不同的是，当今世界上发生的重大事件在每一个角落里的反应，不管是理性分析，还是破坏性情绪表达，都能通过现代通信技术瞬间传向全球。因此，几乎所有人都可参与其中，影响和塑造历史。其中，非理性的破坏性声音和势力最具吸引力，可以瞬间释放灾难性力量，将群体之间、国家之间对立起来，甚至走向不可回头之路。无论是否带有明显政治目的，信息平台以利润为导向的“恶性”眼球争夺游戏，选择传播有吸睛能量的极端性信息，大大加深了族群间、不同观点之间及国家

与大多数历史时期不同的是，当今世界上发生的重大事件在每一个角落里的反应，不管是理性分析，还是破坏性情绪表达，都能通过现代通信技术瞬间传向全球。

间的裂痕，导致理智的政策无法获得足够的支持。特朗普上位得益于这股“群体非理性”力量，他在执政末期用尽各种手段加大中美裂痕，就是要让继任者难以修复，只能照这条路设定的大方向走下去。

于是我们看到充满讽刺意味的历史一幕，当信息技术把人类前所未有地连接起来，当不同文明和制度之间的商贸往来和文化交往日益深入和广泛，当不同信仰的人们之间得到更多直接交流的机会，更深的裂痕出现了。

我们来看看仍然位于世界老大位置的美国社会内部近乎中毒似的分裂。2016 年，利用脸书（Facebook）平台，“网红”女主播托米·劳伦（Tomi Lahren）获得了比传统媒体大得多的影响力，她口无遮拦、语惊四座的愤怒评论如同特朗普干脆的骂声一样，乘着 Facebook 吸睛算法的“火箭”，赢得了比 CNN、Fox News 还多的观众。Facebook 将无数极端者的“分裂性话语”毫无顾忌地射向千百万人，摒弃了人类经过千百年较量和流血所构筑的文明沟通方式，在国内和国际上造成不可逆转的影响。

极端的声音重复的次数多了，即使不成为信念，也会成为潜意识里看问题的立场。

极端的声音重复的次数多了，即使不成为信念，也会成为潜意识里看问题的立场。特朗普与继任者拜登在美国内政问题中的分歧可以用“无法对话”来形容。在二人的唯一一次面对面辩论中，拜登说：“跟这小丑一句话都说不进去。”事实上，在全球化中失去往昔地位的美国，渐渐形成理念上相反的两个极端势力，一个推崇极端个人主义、反科学，痛恨和拒绝任何一种“美国不是世界中心”的可能性；另一个煽动种族斗争思维（critical race theory）分裂社会。这些极端思维孕育在美国人的愤怒中，双方政客和记者或隔岸观火或煽风点火，保全粉丝者众，而真正为美国未来做长远打算的声音反而被淹没。

更为不幸的是，从2020年开始，新冠肺炎疫情将战后的世界格局推向了分水岭。新冠病毒起源问题原本是个科学问题，是一个全球健康问题，现在却被严重政治化。特朗普在这个问题上的无知、傲慢和无能，将绝大多数科学家推向了共和党的对立面。拜登上任后的2021年，共和党联邦参议员Rand Paul竟然在国会听证会中暗示：美国科学家组成的政府机构美国国立卫生研究院（NIH）资助了新冠病毒在中国的早期研发，并与中国科学家共谋，掩盖新冠病毒起源，导致现在病毒溯源问题仍悬而未决。美国FOX电台有一个著名记者Tucker Carlson说得更直接：

“负责美国新冠肺炎疫情应对的那人（指美国顶级传染源专家福奇，相当于中国的钟南山）原来就是资助中国搞新冠病毒的那个人!”

这句话不光污蔑中国实验室制造了新冠病毒，还把美国的科学家也一起祭上，反正在很多共和党人眼里，科学家就是不懂政治、被人利用的读书人，要好好整治一下，让他们知道什么是“国家大局”。Carlson 虽然只是其中之一，但因其被福布斯多次评为美国最受关注节目的主持人，影响力极大。现在美国的公共舆论空间生态很糟糕，活跃着一大群失意的、愤怒的网民，他们每天要靠攻击别人才能活下去，这些无耻的、用简单叙事煽动情绪的人形成了一股无法忽视的力量。虽然这一局面不能跟二战前期的魏玛共和国相比，但美国人选举特朗普为总统这件事，已经让很多欧洲人认为美国选民“不再值得信任”。

2021 年年初，在一份对欧盟 11 国的 15,000 人的大样本调查中发现，尽管大多数欧洲人对拜登被选为美国总统感到满意，但许多人担心，美国选民会在接下来的 4 年内投票给另一个“特朗普”。调查结果显示，11 国受访者中有 32% 的人同意“在 2016 年投票给特朗普之后，美国人不再值得信任”，只有 27% 的人不同意，其余的人则不置可否。值得注意的是，被善于简单叙事、疯狂煽动的希特勒毁坏过的德国有超过半数（53%）的受访者表示，在特朗普当选之后，美国人不再值得信任。2021年年初，欧盟决定将1600亿美元投入到芯片研发和生产中，摆脱对美国和中国技术的依赖，打造“数字主权”工程，[1] 争夺芯片市场，将现有份额扩大至少1倍。

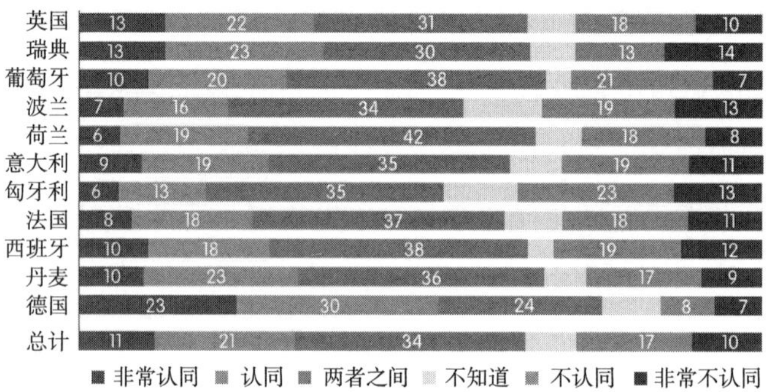

资料来源：欧洲对外关系委员会。

图1 “在2016年投票给特朗普之后，美国人不再值得信任”调查问卷

面对美国政治在恶性循环中演化，美国选民能否避免选出另一个“特朗普”呢？难。我们来看看美国极端左派的作为。在政治正确的压力下，《纽约时报》一位编辑因刊登右翼争议性评论引起众怒而被迫辞职；本来具有学术和言论独立的教授在学校不敢对种族问题发表不同的看法；“减少警察部门支出”运动在许多民主党人占多数的地方获得支持，在纽约市

[1] https://www.wsj.com/articles/eu-seeks-to-double-share-of-world-chip-market-by-2030-in-digital-sovereignty-drive-11615305395.

长竞选中任何直接反对此动议的候选人几乎没有希望当选；种族斗争理论（critical race theory）开始被引进高中课堂，引发激烈的争论。种族斗争理论认为，种族的分别不是基于自然生物性特征，而是一个社会建构的概念，其目的是用来压迫和剥削有色人种。种族斗争理论认为，美国的法律和法律制度本质上是种族主义的，创造和维持了白人相对于有色人种，尤其是非裔美国人在社会、经济和政治方面的优越地位。这个理论有其可取之处，但忽略了族群文化和个人因素对个人境遇的重大影响。在弗洛伊德被警察杀死以后，美国的种族斗争、警察与黑人的矛盾愈演愈烈，而黑人也是新冠肺炎死亡率最高、经济受打击最大的群体。新冠肺炎疫情对美国不同社会阶层的影响是不一样的——富者更富、贫者更贫。极端左派虽然只是小部分，但是正如所有的极端主义分子一样，他们的声音最大，足以激起强烈的恶性情绪，将众多的人推向另一个极端，加剧美国社会的分裂。而经济和社会从来就无法在一个高度分裂的国家中发展。

从 2020 年开始，新冠肺炎疫情引发的生命和经济代价、意识形态斗争犹如千金之锤，狠狠地砸在了中西之间的裂痕上，直到今天，仍在铸成制度化的长久对抗。中美之间的对抗不同于美苏冷战，一个重要原因是全球化和新兴经济体的发展已经将世界变平。横跨世界的经济力量和社会力量的纽带紧密联系，造就了无数个命运相互依存的节点和山头，没有一个国家会在所有的领域占据支配性地位，也没有国家会自愿依附于一个大国，归入它的军事阵营，束缚自己的手脚，除非不得已而为之。现在，美国控制着国际金融的关键性节点；拥有互联网所有的根服务器，对于破解比特币等在暗网中的匿名性有显著优势；中国拥有相对完整的制造业产业链节点；跨国电信公司如华为、诺基亚、SpaceX 等在争夺通讯的基础设施节点；各国对数据主权的控制政策日渐明晰，于是拥有国际性数据的大公司的命运猝然发生变化。掌握大量用户数据的公司 Tiktok 在美国遭遇特朗普的打压和强卖。

没有一个国家会在所有的领域占据支配性地位，也没有国家会自愿依附于一个大国，归入它的军事阵营，束缚自己的手脚，除非不得已而为之。

在可以预见的将来，被制裁多年的国家会找到更多逃避和戳爆西方制裁之罩的手段，他们技术领域的发展和升级可能会给世界带来更多不确定因素。但是，由于大国之间对如何解决这些安全问题的方式比过去更难达成共识，安理会制裁有可能会回到美苏冷战时的“无能”状态。与联合国一样，世界银行和世界贸易组织也会因为大国之间的利益争斗而陷入僵局。面对跨国非政府组织的力量日益壮大、全球性气候危机、影响国际局势的全球健康问题的频繁出现，这些组织很有可能比过去更加无力应对其面临的挑战。正如我们现在看到的那样，世界卫生组织被国际政治斗争裹挟，在领导世界战胜新冠肺炎疫情的持久战役中受多方牵制，世界银行和世界贸易组织也将会被更多的大国斗争所拖累，其职能的履行将会受到更多阻挠。

这一乱局导致的结果是，发达国家将会更加倚重单边或多边高压性经济措施（如共同的金融制裁和出口管制），以对付争端、满足民意。同样的原因，新兴经济体也将会更多地使用单边制裁、各行其是，这些力量将在动荡中重塑规则。

美苏冷战早已结束，但局部热战却从未消失。当然，没有人希望看到热战发生，更害怕大国之间发生热战。今天的大国纷争如果能在经济战、网络战中止步，将矛盾积蓄的能量释放出来，并由此构建更适应当今力量变化的新秩序，或许能避免热战。事实上，炫耀经济力量，展示黑客攻击力量，在各种相互搏击中摔打出一个新的平衡，也是一种特殊形式的沟通，都旨在以“非物理战争”的方式渐进地创立新的共处方式，成为伤亡重大的物理性战争爆发前解决大国冲突最后的和平手段。

现在，经济制裁与反制裁已经成为中美两国外交中的一个重要方面。在如此分裂的美国，民主党与共和党在中国政策上却体现出惊人的一致性，这也是他们能找到的为数不多的共同语言之一。拜登政府意识到，在后特朗普时代，中美关系的裂痕似乎难以弥合，而在中国问题上的强硬立场能赢得共和党的支持，找到共同的情感依托，可为日后通过民主党提出的交涉方案铺路。因此，拜登政府上台以后，似乎没有多大兴趣改变特朗普在执政最后几天疯狂签署的对华制裁行政令。即将离任的总统在这种“跛脚鸭”时期签署的行政令是具有强制执行力的，只是常常被新任总统直接推翻。虽然拜登上台后撤销了特朗普时期的多个行政令，并重启与伊朗的核谈判，但几乎没有触及制裁中国的行政令。

拜登政府意识到，在后特朗普时代，中美关系的裂痕似乎难以弥合，而在中国问题上的强硬立场能赢得共和党的支持，找到共同的情感依托。

2021 年，中美两国在努力寻找新的共存方式，但在新冠病毒溯源、南海问题、涉港问题、涉疆问题、伊核问题、朝鲜半岛核问题上的重大分歧，在前所未有的经济竞争、大国地位发生变化的大背景下，美国两党上上下下强大的反华势力十分活跃，中美在寻求新的平衡之路中注定会有很多对抗性事件。

从密切接触到分道扬镳的“Chinamerica”（中美国）

中国的市场力量和金融力量在全球的壮大若能平稳赶上中国的经济地位，就有可能在今后一二十年内，使美国的贸易限制和金融制裁效果大大减弱，甚至无效。牛津经济研究院（Oxford Economics）预测，到2040年，世界的经济中心将持续向亚洲倾斜，亚洲经济总量将与美欧之和相当；以美元计价的中国GDP

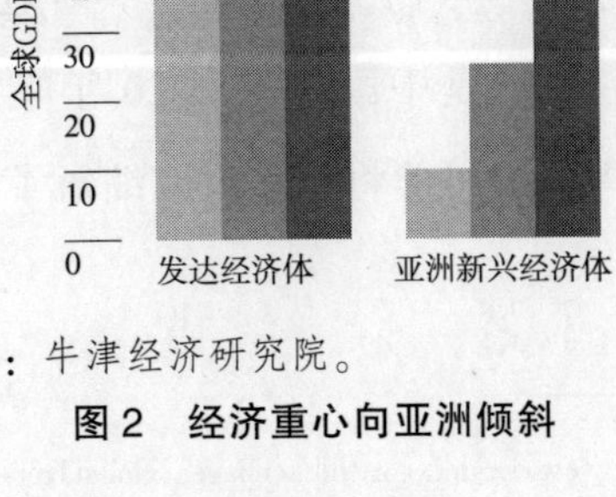

资料来源：牛津经济研究院。

图2　经济重心向亚洲倾斜

将超过美国。[1]

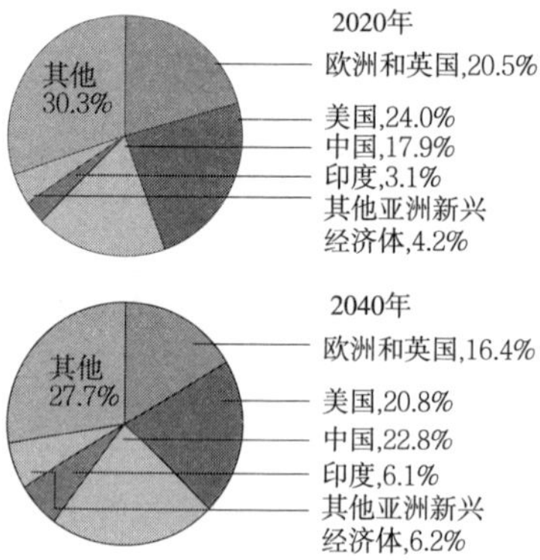

资料来源：牛津经济研究院。

图 3　全球 GDP 占比预测

另外，牛津经济研究院、哈沃分析（Haver Analytics）及麦肯兹（Mackenzie）预计，中国消费市场的增加额很快将超过美国和欧盟增加额的总和。中国的商品零售额早就超过美国，已成为世界上最大的零售市场国家。

多方认为，中国取代美国成为世界上最大的消费市场也将在近 10 年到 15 年间发生。新冠肺炎疫情重创了两国经济，但是中国成为 2020 年唯一实现经济正增长的大国，很可能将所需时间缩短了。虽然还有

[1] https://www.dni.gov/files/images/globalTrends/GT2040/economics-4.pdf.

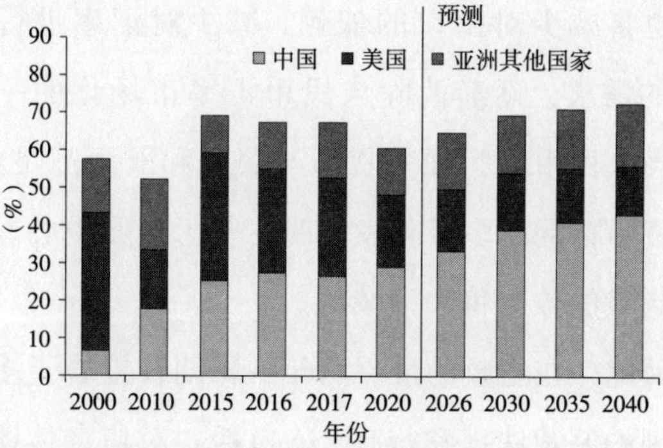

资料来源：牛津经济研究院和哈沃分析。

图 4　消费增加额全球占比

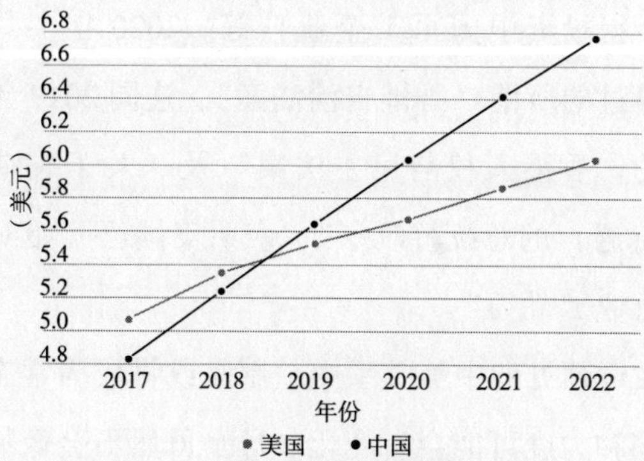

图 5　中国商品零售额赶超美国

很多不确定因素，比如国家间的合作与封闭、未来很可能持续发生的气候变化和全球性灾害等都将制约着这些进展，但中国迟早会成为最大的消费市场，并将不断扩大人民币在跨境贸易结算及作为外汇储备币的份额，推动人民币实现国际化。中国成为最大的消费市场也将减少对出口的依赖，减少对汇率进行“管理”的需求，逐渐消除人民币汇率市场化的一大障碍。当人民币作为强势货币与美元和欧元三足鼎立、世界货币格局向多极化发展时，基于美元中心地位的金融制裁的效力将大为减弱。

> 当人民币作为强势货币与美元和欧元三足鼎立、世界货币格局向多极化发展时，基于美元中心地位的金融制裁的效力将大为减弱。

因此，在当政的最后两年，特朗普签署了多项制裁中国的制裁法案和行政令，包括“对信息传播的应用软件禁止交易”（包括微信和 Tik Tok）、“禁止投资”(联邦资金不得投资中国股票，任何美国个人或实体不得投资中国军工企业）等。2020 年 7 月美国国会通过的所谓“香港自治法案”，连同2019 年年底通过的“香港人权与民主法案”及“关于香港正常化（待遇）的总统行政令”，表明美国已开始对中国金融行业“动刀”。

在可预见的中美关系中，制裁或将成为常态，当然范围和力度可能会有变化。拜登虽然不会像特朗普那样在所有涉及“关键技术竞争”和“数据主权”的领域对中国任意大打出手，但这并不意味他忽视这些领域的重要性。拜登政府的财政部 2 号人物阿德耶莫说，制裁要像“激光”一样精准。事实上，他们更看重“可执行”规则的制定和实施，采取的是更为周密、联合盟友建立的“技术同盟”，并将中国排

> 在可预见的中美关系中，制裁或将成为常态，当然范围和力度可能会有变化。

斥在这个技术同盟之外。正如拜登政府的国家安全委员会在《人工智能战略报告》中所说："美国如何制定政策、限制商品或资本的流动以维护国家安全，将是下一个十年的决定性挑战之一……" 随着中国逐步成长为世界上最大的消费国，像跨太平洋伙伴关系协定（TPP）那样的贸易同盟既不会奏效，也易得罪美国劳工，还会打击甚至毁灭美国中低端制造业的独立性，因此显然不会是拜登政府的选择。拜登政府采取的政策将是，以美国在一些关键技术领域的基础性地位为杠杆，通过共同利益驱动，一起制定国际标准，限制这些高精端技术和数据被用于对抗和削弱西方价值和利益。

《人工智能战略报告》中还提到，如果中国公司赢得数字竞争，不仅会使美国商业公司处于不利地位，还会为美国及其盟国面临的地缘政治挑战打下"数字基础"，因此，要"团结志同道合的盟友和伙伴，建立一个国际联盟，确保人工智能的民主愿景，塑造数字化未来"。

在微电子行业，复杂的光刻工具需要生产16纳米芯片，特别是极紫外辐射（EUV）和氟化氩（ArF）浸泡光刻工具，这是中小企业生产的最复杂和最昂贵的产品，也是芯片制造的卡脖子设备，由美国、荷兰和日本控制整个市场。美国对这些高端中小型企业的需求增加，将为盟国特别是日本和荷兰的中小型企业创造新的商业机会，并促使这些国家更愿意使其“出口管制政策”与美国禁止向中国出口此类设备的“严格政策”保持一致。

拜登上台后不久，美国总统国家安全事务助理沙利文就与荷兰沟通，希望限制中国某类光刻机（尤其是极紫外辐射的光刻机）的出售，并说明，这是他的几大重要责任之一。美国国家安全委员会战略报告还敦促美国商务部最终确定“必须实行出口管制的新兴和基础技术”清单。这是2018年11月特朗普政府根据《出口管制改革法》（ECRA）授权的、适用于美国和世界经济现状的全面性清单，以应对以现代技术为重点的安全挑战。这个清单成为特朗普政府实施旨在应对新兴经济体投资的《外国投资风险评估现代化法》（FIRRMA）的关键步骤，并将会对中美贸易产生长期重要影响。

因此，拜登政府的经济制裁、技术管制政策将延续特朗普政府界定国家安全的内涵和外延，只是在执行时将使用不同手段，即更加依靠同盟、孤立他国、精准打击，消除“胡闹”和“乱放箭”造成的国际影响，同时加强美国对“民主”、“人权”和气候变化等问题的投入，用其文化、娱乐、运动、生活方式和技术创新等软实力增加吸引力。

我们来看看更大的历史背景。

拜登政府对中国的经济制裁既是在反映、也是在进一步塑造着中美之间乃至中西之间剧烈动荡的关系。在 2021 年 3 月阿拉斯加举行的中美高层战略对话中，杨洁篪强调，世界上绝大部分国家并不承认美国的价值就是国际价值，不承认美国说的就是国际舆论，不承认少数国家制定的规则就是国际规则。美国国内在人权等方面存在很多问题。美国应当做的是改变自己的形象，管好自己的事，而不应自己的问题没有解决好，却向世界转嫁矛盾、转移视线，不应对中国的人权、民主说三道四。

中国与美国这些年接触与合作所建立的经济、政治、技术纽带正在面临断裂风险，“Chinamerica”（中美国）从相互依赖关系已经演变为竞争对手关系。

我认为，杨洁篪发言的背后，反映的是中国与美国这些年接触与合作所建立的经济、政治、技术纽带正在面临断裂风险，“Chinamerica”（中美国）从相互依赖关系已经演变为竞争对手关系，多领域对抗也已成为中美关系的重要特征。

早在 2021 年 3 月，在中美阿拉斯加对话开始之前几天，美国和欧盟就以所谓“新疆人权问题”为借口宣布对中国新疆有关人员和机构实施制裁。此外，美日还发表联合声明，声称中国在涉港、涉疆和其他地区的行为与现行国际秩序不符。美日印澳发表联合声明称，将在疫苗资金、技术和物流等方面紧密合作，计划商讨“疫苗外交”以对抗中国的影响力。事实上，早在2020年11月，这4个国家已经联合举行了第一次军事演习，逐渐演变成为美国在亚洲对抗中国的一个抓手。

随后，体现中欧关系重要进展的“中欧投资协定”命悬一线。欧盟方面也有大动作，现已启动不依赖中美的技术战略，与美国大力投资科技的战略和激励制造业回流、供应链迁移的政策相呼应。今天的世界正在从以信任为基础的相互依赖、淡化国家概念的全球化走向越来越强调国别边界和个体国家利益、保护主义当头的后全球化形态。

在中国出台新的网络安全法之后不久，拜登发表声明称中国黑客攻击了微软的服务器。同时，美国财长耶伦表明不会与中国就关税问题进行谈判。世界卫生组织总干事谭德塞发表声明，要求中国公布2019年新冠肺炎疫情发生时的原始数据，此为第二阶段溯源计划。2021年7月27日，美国等国政府官员发表声明支持该计划。8月2日，美国众议院共和党议员麦考尔在众议院外交委员会作证时，公布了一份报告，称有“充分”的证据表明，当下全球肆虐的新冠病毒，是 2019 年 9 月从中国武汉病毒研究所在一次意外事故中泄露的。这个报告充满了大量对科学的认知错误，以及对科学家的恶意猜测，但是对于读不懂论文、不了解科学过程并喜欢道听途说的人来说，这会产生不小的影响。

2021 年 8 月，美国共和党联邦众议员班克斯招摇惑众，提出了针对中国和中国共产党的“恶劣影响和盗窃行为”的议案，比 2020 年另一位共和党众议员提出的针对中国共产党的“恶劣影响”的议案更进一步。这些共和党联邦议员提出的极端议案，在国会获得通过的概率很低，他们信口雌黄，很大程度上是为迎合特朗普的“铁杆粉丝”。虽然特朗普的政治前途未卜，但是他的支持者还在，这些共和党议员们争先恐后地接过他的旗子、拿下他的支持者，并推高媒体曝光率。这些人深谙互联网时代宣传的精髓，将负面信息放大一千倍、一万倍，使每一个人都成为某一个事件的参与者，形成摧枯拉朽的力量，即便最后证实真相只不过是指鹿为马、无中生有甚至颠倒黑白，但事态的发展已经无法阻止了。

面对事态发展日益严峻的局面，拜登政府还继续加大对华为的打压。2021 年 6 月，拜登颁布了一个新的行政令，将禁止美国资本投资中国军方关联企业的实体增加至59个，包括华为的两个子公司普瑞荣资本有限公司（Proven Glory Capital Limited）和荣誉资本有限公司（Proven Honour Capital Limited）。之后，摩根大通将这两个公司从其具有强大市场影响力的固定收益指数基金“新兴市场债券指数基金”CEMBI和JACI中除名。2021年7月，美国联邦通讯委员会通过了19亿美元的预算，用以补偿美国农村地区拆除华为设备的花费。

可以预见，美国乃至西方世界对华为的打压将是长期的、不留余地的。新兴经济体还将会在众多领域出现有实力挑战当前世界主导性公司和科技高位的力量，同样也会遭到维持旧秩序力量的严厉打压。新兴经济体与发达经济体的矛盾、中美矛盾、中西矛盾，都将在剧烈碰撞中重新寻找制度和心态的平衡。

新兴经济体与发达经济体的矛盾、中美矛盾、中西矛盾，都将在剧烈碰撞中重新寻找制度和心态的平衡。

经济制裁升级为应对国际纷争的重要手段

经济制裁虽不是新近发明，但其在历史上的功能远没有过去 10 年间这般重要。从两次世界大战过渡到冷战，从冷战过渡到经济战，现在这股不断升温的“经济制裁热”在联合国、美国、欧盟以及新兴经济体中日益凸显。在可预见的将来，当建立和维持秩序的世界性组织如联合国安理会、WTO 等执行力下降，发达国家将会更加倚重单边或联合的经济施压，在对抗中重塑新规则。经济制裁必定会向更加复杂、精确、全面的方向演变，成为乱局中以非武力方式应对国际纷争的一个重要手段。

经济制裁必定会向更加复杂、精确、全面的方向演变，成为乱局中以非武力方式应对国际纷争的一个重要手段。

自 1966 年以来，联合国安理会批准的制裁措施直线上升。[1] 而其中大部分制裁措施在过去的 10—

〔1〕 https：//www. un. org/securitycouncil/sites/www. un. org. securitycouncil/files/subsidiary_organs_factsheets. pdf.

15 年间产生。[1]

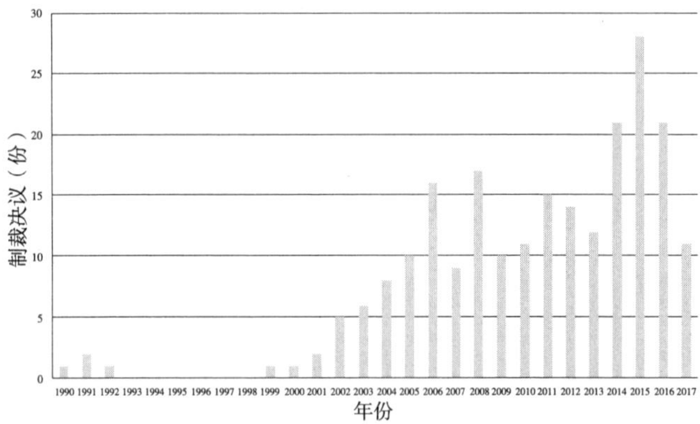

图 6　1990—2017 年联合国安理会通过的制裁决议

美国是主要的经济制裁发起国。由于联合国与各国之间制裁的组织方式不同，因此很难进行横向比较，但是有一点很清楚，被联合国制裁的对象是美国制裁的一个小子集。根据美国对外资产办公室（OFAC）统计，现在活跃的、被用得最为得心应手的金融制裁措施（如下表，不包括贸易禁运如芯片禁运、针对个人的旅行限制和资产冻结）[2] 涉及多个国家、组织和行为模式（核试验、恐怖主义、网络攻击、国际犯罪、人权问题、毒品走私等）。

---

〔1〕 https：//www. un. org/en/sc/repertoire/data/sanctions_ regimes_ graphs. pdf.

〔2〕 https：//home. treasury. gov/policy - issues/financial - sanctions/sanctions - programs-and-country-information.

表1 美国当前实施的金融制裁措施

活跃的制裁措施	最新修订时间
巴尔干相关制裁	2017年2月3日
白俄罗斯制裁	2020年12月23日
冻结与国际刑事法院制裁有关的某些个人的财产	2020年9月30日
缅甸相关制裁	2021年2月22日
布隆迪制裁	2016年6月2日
中非共和国制裁	2020年8月7日
中国军事企业制裁	2021年1月27日
通过《2017年制裁法》打击美国对手（CAATSA）	2021年2月22日
反毒品贩运制裁	2020年12月2日
反恐怖主义制裁	2021年2月16日
古巴制裁	2020年12月21日
网络相关制裁	2020年10月1日
刚果民主共和国相关制裁	2019年3月21日
外国干预美国大选制裁	2021年1月11日
马格尼茨基全球制裁	2021年1月15日
中国香港相关制裁	2021年1月15日
伊朗制裁	2021年1月15日
伊拉克相关制裁	2020年12月23日
黎巴嫩相关制裁	2010年7月30日

续表

活跃的制裁措施	最新修订时间
利比亚制裁	2020 年 8 月 6 日
马里相关制裁	2020 年 2 月 6 日
尼加拉瓜相关制裁	2020 年 12 月 21 日
防核扩散制裁	2021 年 1 月 15 日
朝鲜制裁	2020 年 12 月 8 日
钻石原石贸易管制	2018 年 6 月 18 日
索马里制裁	2020 年 7 月 10 日
苏丹和达尔富尔制裁	2020 年 8 月 11 日
南苏丹相关制裁	2020 年 2 月 26 日
叙利亚制裁	2020 年 12 月 22 日
叙利亚相关制裁	2020 年 12 月 22 日
跨国犯罪组织	2019 年 7 月 22 日
乌克兰/俄罗斯相关制裁	2021 年 2 月 22 日
委内瑞拉相关制裁	2021 年 2 月 2 日
也门相关制裁	2021 年 2 月 16 日
津巴布韦制裁	2020 年 8 月 5 日

纵向比较美国制裁，可从美国对外资产办公室每年添加的“特别认定国民和阻截人员”（SDN）数据中可见一斑。从下图中可看出，美国制裁名单从 2016 年前后开始直线拉升。

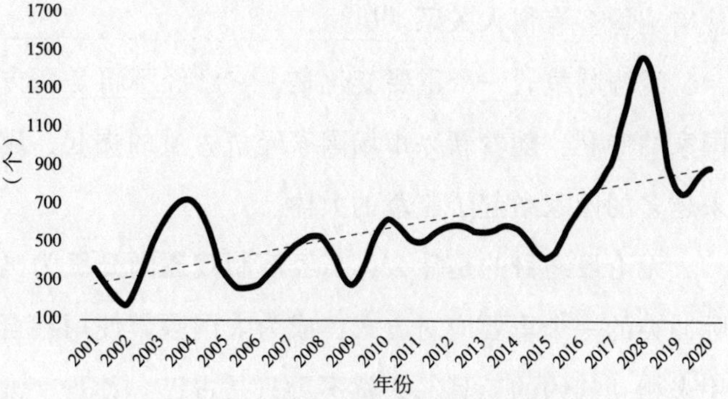

图 7 美国制裁名单呈扩大趋势

过去 20 年间，欧盟也逐渐将经济制裁置于关乎自身安全的重要位置。如下图显示，欧盟的制裁措施在 20 世纪 90 年代后期开始显著增长，并在 2010 年以后拉升到一个新高度，这与针对伊朗和俄罗斯的制

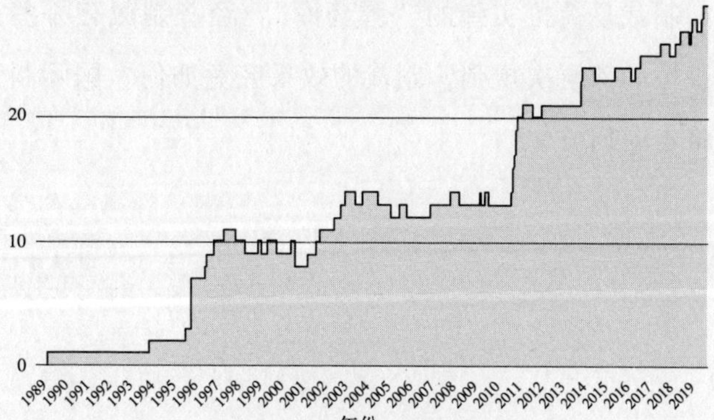

图 8 欧盟实施的制裁措施

裁措施增多有很大关系。[1]

经济制裁的一个重要变化是，它已经不再是西方国家的专利，随着新兴市场国家经济力量的崛起，越来越多的国家举起了制裁的大棒。

经济制裁的一个重要变化是，它已经不再是西方国家的专利，随着新兴市场国家经济力量的崛起，越来越多的国家举起了制裁的大棒。

无论最终目的是什么，当经济制裁逐渐升级为国际冲突的一个重要应对方式，成为大国频繁使用甚至用来相互制约的工具，它就不再只是古巴、苏丹、索马里、津巴布韦等部分国家的问题。特朗普在执政的中后期针对中国的关键性企业、军工企业和特定地区实施了多项经济制裁。在贸易禁运的效力被经济全球化削弱、金融制裁受到前所未有挑战的今天，如何看待这些制裁？什么样的制裁仅仅是表达姿态，什么样的制裁是荷枪实弹的“弹药库”？经济制裁有哪些关键性的深层次规则？制裁的效果究竟如何？国际制裁将走向何方？

---

〔1〕 https：//www. tandfonline. com/doi/full/10. 1080/09662839. 2020. 1797685.

第一章

制裁演变

从综合性制裁到定向制裁

广义的制裁和“限制”（restrictions）常常是可以互换使用的，一个广泛接受的定义是政府刻意地中断或威胁中断贸易、金融活动、人员流动等。[1] 制裁方包括国家、双边或多边组织，直接目的是通过震慑、惩罚、羞辱和施压等手段，保护自身利益、打击恐怖主义、反对核扩散、促进民主和人权、解决纠纷、维护网络安全等。[2] 当然，这只是一种说法，甚至是一种借口，很多时候制裁其实只是给民众一个交代。

从限制的手段上看，主要包括如下几个方面：

——限制或禁止人员流动（如签证制裁）

——限制外交关系（如驱逐外交官、切断外交联系、中断或取消官方访问）

〔1〕 https://www.oxfordbibliographies.com/view/document/obo-9780199796953/obo-9780199796953-0032.xml.

〔2〕 https://www.cfr.org/backgrounder/what-are-economic-sanctions.

——限制军事合作（如武器禁运）

——限制文娱活动（如禁止体育赛事和文化传播）

——限制经济活动，包括限制贸易往来（贸易禁运、出口管制），限制钱财流动（金融制裁），限制资本流动（禁止投资）等。

本书讲的主要是经济制裁。经济制裁是一个具有高度争议性的外交政策，在公法体系中，很难找到任何一个术语像经济制裁这样含糊不清。在本书中，经济制裁主要是指通过一项或一系列制造经济痛点的“限制性”手段，以达到政治、经济、文化、外交等目的。狭义的制裁包括明文以“制裁”（sanction）二字出现的对外政策，例如引言中所列美国财政部下属的对外资产办公室所辖制裁、英国金融制裁执行办公室（OFSI）所辖制裁等；而出口管制、武器禁运、关税战、“反倾销”限制、报复性“反制”等则属于广义的制裁范畴。

可以说，上文所列的制裁类型都有经济杠杆贯穿其中。制裁之于真刀真枪的物理战争，正如民事惩罚之于刑事惩罚：民事惩罚最终多落脚于经济后果，与之相似，制裁也多以经济手段来进行，或通过导致利润（利益）损失来达到目的。例如，武器禁运最重

> 制裁之于真刀真枪的物理战争，正如民事惩罚之于刑事惩罚：民事惩罚最终多落脚于经济后果，与之相似，制裁也多以经济手段来进行，或通过导致利润（利益）损失来达到目的。

要的手段是截断贸易融资、禁止付账、阻断运输等，因此常常通过制裁多次运输违禁武器的船只和企业，用经济处罚来威慑这些为违禁物品售卖提供服务的企业或个人。禁止文娱传播也是通过制造收益痛点、实施经济高压来达到最终目的。禁止人员流动、要求外交官限期离境并非直接挥舞经济大棒，但都会造成一定的经济后果。因为，经贸关系、教育、科技交流都需要人员的自由流动，对外交官关闭大门则意味着开放的政策将会被封闭和孤立取代，经贸合作空间将被压缩，造成负面的投资和贸易预期，导致经济损失。虽然在互联网将世界变得更紧密的今天，一国政府对跨国交往的限制力在衰减，但是，限制人员流动仍然能在短期内造成隔阂、加深猜忌、破坏信任、阻碍潜在合作机会。总的来说，国际制裁归根到底多依仗经济限制手段。因此，本书将集中讲述经济制裁，以求诠释制裁的核心内容。

从制裁对象和影响出发，制裁还有一个重要分野——综合性制裁与定向制裁。综合性制裁针对整个国家的国民进行“无区别对待”，通常会有负面人道主义效应，还会伤及第三国。而定向制裁则是明确针对与制裁目标紧密相关的精英及其组织的制裁，也叫“聪明”制裁（smart sanction）。进入 21 世纪，国际经济制裁经历了从综合性制裁向定向制裁的转变。虽然美国仍然保持着对伊朗、古巴、叙利亚等国的综合性制裁；欧盟也保留着对叙利亚等国的综合性制裁,[1] 但2000年以后联合国安理会的制裁几乎全部转向了定向制裁。近年来引发更多国际关注的“金融制裁”是定向制裁中的前锋利器。在综合性制裁和定向制裁之间，还有行业性制裁——美国针对俄罗斯的金融行业和能源行业的制裁就属于行业性制裁。

历史上，综合性制裁有很多成功先例。例如，综合性制裁对伊拉克结束核武器、化学武器和生物武器的研制显然有作用，也直接推动了南非种族隔离制度的结束（当然，其长远影响如何则是后话，本书会在第三章中讨论）。在经历长达11年的制裁后，2003年利比亚承认对1988年洛克比空难负责，并向空难事件中的遇难者家属提供总额达27亿美元的赔偿，还将涉案的利比亚公民交给国际法院审判。

但是，综合性制裁会产生广泛的负面影响——人道主义危机、发起国经济成本高、引发混乱局面、激发有组织犯罪集团的成长等，这已成为制裁政策界的

[1] https://www.europarl.europa.eu/RegData/etudes/BRIE/2018/621870/EPRS_BRI（2018）621870_EN.pdf.

共识，也是20世纪八九十年代大多数反对经济制裁的国际力量最为关切的问题。海地制裁与伊拉克制裁引发的人道主义危机给综合性制裁带来深刻的教训，也引起了国际社会的深刻反思。

海地制裁与伊拉克制裁引发的人道主义危机给综合性制裁带来深刻的教训，也引起了国际社会的深刻反思。

联合国安理会在20世纪90年初对伊拉克的综合性制裁起初是为了应对突发性危机——伊拉克入侵科威特后4天内紧急敲定的。[1] 制裁措施包括全面贸易禁运（包括石油）、全面武器禁运、旅行禁止、冻结政府金融资产和外交制裁等。

1991年3月，制裁实施半年左右，联合国副秘书长Ahtisaari描述道："伊拉克的光景就像末日降临。"这促使安理会很快调整政策，加速放开对伊拉克的人道主义物资贸易和援助通道。然而，这场人为的灾难还是夺走了10万到23万伊拉克儿童的生命。这次制裁不仅使伊拉克失去了高达2500亿美元的石油收入，还引起物价飞涨，生活日用品价格一个月内飙升了250倍。有观点认为，对伊拉克经济制裁的历史就是伊拉克人民被大规模毁灭性武器杀害的历史。[2]

定向制裁旨在减少"附带损害"。有研究考察了

[1] https://www.securitycouncilreport.org/atf/cf/%7B65BFCF9B-6D27-4E9C-8CD3-CF6E4FF96FF9%7D/Evolution%20of%20Sanctions%20-%20Int.%20Journal.pdf.

[2] https://www.jstor.org/stable/23016144?seq=1.

美国和欧盟在 2014 年克里米亚事件后对俄罗斯实施制裁的后果。他们发现，与未受制裁的同行企业相比，受制裁企业或关联企业平均约减少三分之一的营业收入和过半的资产价值，并导致约三分之一的员工失业；研究进一步表明，制裁对俄罗斯宏观经济的影响相对较小。研究结论认为，定向制裁非常“聪明”，即以相对最小的“附带损害”打击预定目标。

定向制裁非常“聪明”，即以相对最小的“附带损害”打击预定目标。

金融制裁及其主要实施者

对伊拉克的制裁引发了国际社会对综合性制裁导致的人道主义危机的反思和批评，催生了国际制裁向定向制裁、技术化方向转变。其中一项技术要求很高、知识产权密集的制裁创新发生在金融制裁领域。

金融制裁早期的内容比较狭窄，主要是美国和欧洲国家通过世界银行、国际货币基金组织以及相关的区域发展银行这些国际性官方渠道来限制对被制裁国家的资助和借贷。除了这些国际组织的资助能发挥作用以外，发达国家对不发达国家的双边援助有时也用于金融制裁。当然，就像特朗普为了搜寻拜登总统儿子的证据而放缓对乌克兰的援助款项一样，双边援助的案例大多有特定政治目的，只不过特朗普之前的美国总统比较“有原则”，其特定目的是国家外交政策目标，而不是为了个人竞选成功。

1980 年前，包括尼加拉瓜和委内瑞拉在内的中南美洲多个国家都获得过国际货币基金组织的无条件贷款。但是，在1980年拉美债务危机爆发以后，国际货币基金组织开始大量干预这些国家的经济决策，在贷款中附加条件，要求这些国家开启以新自由主义市场为导向的经济改革、放松劳动力和金融市场管制、大规模削减公共部门，以及取消关税和其他保护主义措施。〔1〕大量工人们走上街头，大骂国际货币基金组织，让他们的工作人员滚出去。然而，为了获得贷款，多数拉美国家政府接受了附加条件。以市场为导向的经济改革在一些国家取得了成功，但是完全放开产业保护政策和金融市场则将这些薄弱的经济体置于全世界的诸多风险之下，最危险的就是金融危机。腐败、劳动力产出率低和经济政策缺陷使得一些拉美国家在外来风险降临，尤其是频发的经济和金融危机、石油价格操纵等威胁来临时，经济很快坠入深渊，造成大范围的社会动荡。

2018年，在尼加拉瓜政府镇压了反对派大游行之后，美国以人权问题和反腐败为由，阻止世界银行、美洲开发银行（Inter-American Development Bank）、国际货币基金组织和其他金融机构向尼加拉瓜放

---

〔1〕 https：//cepr. net/out-of-the-ashes-of-economic-war/.

贷。[1] 受此影响，2018 年以后尼加拉瓜国内生产总值大幅下跌（见下图）。

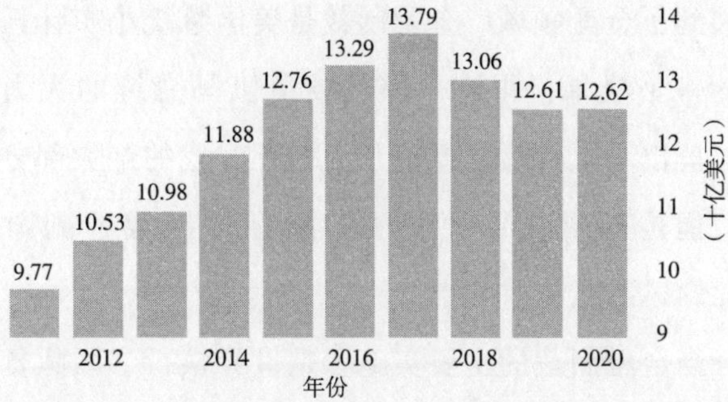

资料来源：世界银行。

图 1-1　尼加拉瓜国内生产总值

减少援助和贷款是金融制裁的传统手段。“9·11”事件后，美国缔造了一个全新的制裁方式——金融制裁。

减少援助和贷款是金融制裁的传统手段。“9·11”事件后，美国缔造了一个全新的制裁方式——金融制裁。自此以后，金融制裁从减少援助和贷款、偶尔冻结财产的“外围”方式，发展为直接、快速阻止和切断交易中的资金传输、限制资本市场、打击主权货币等“核心”方式。由于国际大宗经济交易都需要以银行为主的金融机构进行结算，金融领域从此成为对制裁和禁运进行监控和实施的核心渠道。美元和欧元依靠其在全球金融系统中的中心地位，为西方金融制裁在全世界实现强控制性、高精确性和可依赖

[1] https://cepr.net/out-of-the-ashes-of-economic-war/.

性奠定了基础。作为金融制裁这一创新的缔造者，美国财政部也将反对恐怖主义和反对核扩散战场的重心转移到了金融领域。金融制裁是美国总统小布什任期内的一个成果，得到了继任的奥巴马总统的大力倡导。奥巴马上台后，换掉了小布什时代的绝大部分高官，但是却留任了“发明”新金融制裁的副财长 Stuart Levey。

当金融制裁的主要实施者是世界银行、国际货币基金组织、国家央行时，考虑到得罪客户、影响生意、为政治服务的纯成本增加，国际性私有银行没有任何兴趣卷入到这些国际政治斗争中。但当金融制裁开始转向“斩首行动”的精确打击、以私有银行为主要执行渠道、向“不守规矩”的私有银行开刀的时候，他们就做不到置身事外了。

现在，美国、欧盟和联合国实施的金融制裁不得不依赖全球的私有银行在世界范围内做免费的“金融警察”，因为在政府不能监控私人交易数据的地方，有银行可以提供客户信息。但是现在，美国在金融领域的主导地位正在受到来自经济危机、区块链金融带来的挑战。随着美国单边制裁的不断加码，更多的人认识到，单边制裁作为一种外交手段，很多时候其合法性会与特定国际法原则或条约精神相悖，很多国际性大银行对美国制裁的态度显然不如20年前那般诚惶诚恐。奥巴马在任期间，多个国际性大银行对美国或联合国的制裁明显不那么当回事了，面对此态势，奥巴马政府加大了处罚力度，对“不良行为”施以重罚。

2008年以后，美国愈发认为伊拉克战争和阿富汗战争是无底洞，不仅耗费了大量金钱和物资，而且严重影响美国的财政状况。为此，奥巴马政府加大了金融制裁的力度和范围，对涉嫌违反制裁令和洗钱的金融机构开出天价罚款，甚至进行司法追究——如大名鼎鼎的巴黎银行案、法国兴业银行案、汇丰银行案。在美国、欧盟和联合国对伊朗金融系统的全面制裁下，2015年，伊朗重回谈判桌，与美国、英国、法国、俄国、中国和德国签署了伊朗核问题全面协议，简称“伊核协议”。但在特朗普和以色列总理内塔尼亚胡看来，6国都被伊朗骗了，因为他们认为伊朗在进行违禁核试验，于是特朗普单方面退出了伊核协议。

2020年，在美国国会通过的所谓“香港自治法案”中，美国把金融制裁的二级制裁手段用到了极致。与被制裁对象有大量交易的银行，将可能被该法案下设的10类“弹药”所攻击，包括冻结资金、禁止投资、禁止交易、禁止外汇买卖、禁止国际性大银行特许性金融交易等等。如果中资银行被大量制裁，可能引起中国香港美元流动性的大规模减少，影响港元和美元汇率的稳定，打击港元的世界性和流通性，损害香港的国际金融中心地位。外汇交易市场的背后，实际上是国际性大银行之间的银行间清算和资金转移。而现在世界上的外汇交易中涉及美元的交易高达89%，美元的清算最终会大概率经过纽约——即受美国法律管辖。因此，不光美国银行必须停止相关外汇交易，西方国际性大银行也受到制约。

欧盟和其他西方国家或地区，包括英国、加拿大、澳大利亚、德国、法国、日本、新加坡、中国香港都有涉及金融制裁的法律，而且几乎都有自发性的“单边”制裁措施，但这些国家和地区的金融制裁法律跟美国的最大差别在于不设“域外管辖权”，只有美国才在全世界使用其国内法施行长臂管辖。并且，从其他国家和地区有关金融制裁的执行手段细则来看，远远不如美国那么严密和有效。例如，美国实施的金融制裁要求把被制裁者总和超过50%的公司作为被制裁者来对付，例如，A公司有5个不同的被制裁者，他们分别持有10%的股份，那么这个公司就是被制裁对象。这种“加总”条例在欧盟制裁中是没有的，美

这些国家和地区的金融制裁法律跟美国的最大差别在于不设“域外管辖权”，只有美国才在全世界使用其国内法施行长臂管辖。

国还将这个沉重的“侦察”负担和法律责任交予银行和其他金融机构，这就催生了一系列的情报公司，并且导致过度合规。例如，为银行服务的美国道琼斯等合规公司到处收集被制裁者哪怕仅占10%以上股份公司的情报，并将其列入观察名单。

除了管辖范围、执行力度之外，欧盟和其他西方国家的金融制裁也因其货币使用范围有限而缺乏广泛打击力。欧元虽然占国际贸易结算的30%以上，但是大部分结算发生在欧盟内部。如果把欧盟看作一个地区，只有不到10%的跨地区贸易结算使用欧元，[1]而被制裁的国家和地区大多在欧盟之外。相较之下，用美元结算的国际贸易是美国境内贸易结算的5倍[2]，这导致二者实施金融制裁的效果相差悬殊。

所以说，在当今世界，美国无疑在国际经济制裁中占据最有利的地位。作为背景知识，下面我们简要介绍一下美国的经济制裁。

---

〔1〕 SWIFT，“Worldwide Currency Usage and Trends”，https：//www.swift.com/node/19186.

〔2〕 https：//www.pymnts.com/cryptocurrency/2020/imf-chief-economist-crypto-wont-supersede-the-dollar/.

美国特写

二战后，联合国与一些大国的单方面制裁大多数集中在防核扩散、反恐、反国际毒枭等犯罪组织、反洗钱、维护国家安全、惩罚报复等方面。美国作为制裁的主要发起国，最近以国家安全为由的制裁越来越多，走在滥用制裁的前列。

美国的“一级制裁”（primary sanctions）管辖的是有“美国联系”（US nexus）的自然人和实体，包括世界上任何地方的美国公民和永久居住者、在美国注册成立的公司及其在世界各国的分公司、物理地址位于美国的自然人和实体，以及美国公民或实体拥有的外国实体等。他们要遵守美国的制裁法律，针对被制裁对象采取限制性措施。一级制裁的关键在于必须有美国联系。

美国的制裁法律十分庞杂，针对不同国家、不同对象有不同程度和不同类型的制裁。笼统地说，被美国综合性制裁的国家有伊朗、古巴、叙利亚和苏丹

（正在被解除中）等，尽管最近对有些国家的制裁措施有所放开，[1]但除非有授权，美国不得向这些国家提供金融服务。可以说，世界各地都有被美国定向制裁的机构或个人。

在综合性制裁和定向制裁之间，还有“行业性”制裁。这类制裁方式鲜为人知，但是其执法却很严苛。

在综合性制裁和定向制裁之间，还有“行业性”制裁。这类制裁方式鲜为人知，但是其执法却很严苛。举个例子，美国在2014年对俄罗斯实施了能源和金融行业的行业性制裁，禁止美国的实体和个人购买俄罗斯国有银行、俄罗斯能源公司和俄罗斯国防公司等实体的中长期债券（成熟期超过90天）。一家名为Haverly的美国公司和名为Rosneft的俄罗斯公司有实物交易。Rosneft要求Haverly更正税务文件才能付款，但由于后者拖延，最后付款时，逾期已达90天以上。问题就出在这里，这形成了一个事实上的中长期债务关系。第一笔付款是在逾期6月之后，然后Rosneft尝试在2016年5月31日至2016年10月27间4次付款，但这时候金融机构已经知道该交易属于被禁范围，因此没有成功。在此期间，Haverly收到

〔1〕 Jones Day，“U.S. Further Eases Restrictions on Travel，Financial Services，and Business Activities with Cuba”，https：//www.lexology.com/library/detail.aspx？g=f984c8fd-0f94-438f-8063-2f75e0d8b03c.

的 SWIFT[1] 消息说，这些付款被拒与行业性制裁有关，相关银行毫无疑问会向美国对外资产办公室提交报告，从而引发调查。最后 Haverly 与美国对外资产办公室达成和解，被罚 75,375 美元。

一级制裁虽然主要管辖美国自己人，但是《国际经济紧急权力法》（IEEPA）明文禁止外国人阴谋诱使或导致美国人违反制裁；[2] 而且该条文适用于所有制裁措施。我们来看一个非美国实体之间用美元离岸清算中心支付而被美国处以巨额罚款的例子。

新加坡一家名为 CSE Global 的公司，其子公司叫 CSE TransTel，卷入该案件的关键银行是新加坡一家非美国银行，我们且称为“B”。2012 年，在银行 B 的要求之下，母公司 CSE Global 的 CEO 曾在一份书面声明中表示：“绝不跟任何伊朗的实体有资金往来”，以保持和银行 B 的业务关系。但是，2012 年到 2013 年之间，其全资子公司 CSE TransTel 通过至少 6 家银行跟伊朗贸易对象有 104 次、超过 1100 万美元

[1] SWIFT 是一个由银行、证券公司、投资经理人等金融界主体共同拥有的信息传输系统，总部在比利时，为 200 个国家的 1.1 万个金融机构提供安全和标准比的信息传输。

[2] Cornell Law School Legal Information Institute，“50 U.S. Code § 1705. Penalties”，https://www.law.cornell.edu/uscode/text/50/1705#.

的资金交付。[1]

美国政府文件声称，此举“导致美国的金融服务产品被非法出口和再出口到伊朗”[2]，也就是说导致“美国人和美国机构”在不知情的前提下为伊朗提供了被禁服务，因此违反了《国际紧急经济权力法》（IEEPA）和《伊朗交易和制裁条例》（ITSR）。2017年 CSE 公司被美国财政部处以 1200 万美元罚款。

一级制裁之后，是为全世界大多数国家诟病的“二级制裁”（secondary sanctions）。

二级制裁中，制裁对象不需要有美国联系。根据美国《爱国者法》第 311 条的规定，一个毫无美国联系的外国实体做非美元转账交易，其资金传输既不经过纽约或美国境内，也没有任何美国联系（US nexus），但可能被美国指认为“主要洗钱关切”（primary money laundering concern）。理由可以很广泛，例如违反联合国制裁，为被制裁者服务、与被制裁者共谋或帮助被制裁者逃避制裁等。一旦银行指认，最严厉的惩罚就是被美国的金融机构及其在全世界的分支排

〔1〕 U. S. Department of Treasury, “Enforcement Information for July 27, 2017”, https://www.treasury.gov/resource-center/sanctions/CivPen/Documents/20170727_transtel.pdf.

〔2〕 同上。

除在美元交易圈外，从而失去美元业务。而其他非美国的国际性大银行也担心跟这些网点交易而牵涉到洗钱问题，因此也会考虑切断交易。这样一来，鉴于美元在国际金融和贸易中的中心地位，《爱国者法》第311条用“域内管辖”手段达到了“域外管辖”目的，这对在全球贸易结算中占比较大的国际性大银行（如汇丰银行）很有威慑力。

二级制裁以实名登场是在2010年以后，针对伊朗和俄罗斯的制裁都属二级制裁。后来，类似的制裁措施不断出台，一些国际性大银行不得不配合美国的政策采取相应行动。这些年来，他们每年在制裁合规上的投入高达上亿美元。现在，随着欧盟和中国开始立法“阻断”（block）美国制裁，这些银行需要重新审视其策略的利弊得失了。

以上为美国最重要的两类制裁，下面我们来看看美国制裁近年来的发展趋势。

在特朗普执政时期，美国加强了对朝鲜和伊朗的禁运，在制裁名单中增加了4000多个个人和公司，制裁名单总数比布什两届任期的总和还要多，相当于奥巴马两届任期的总和（如下图）。

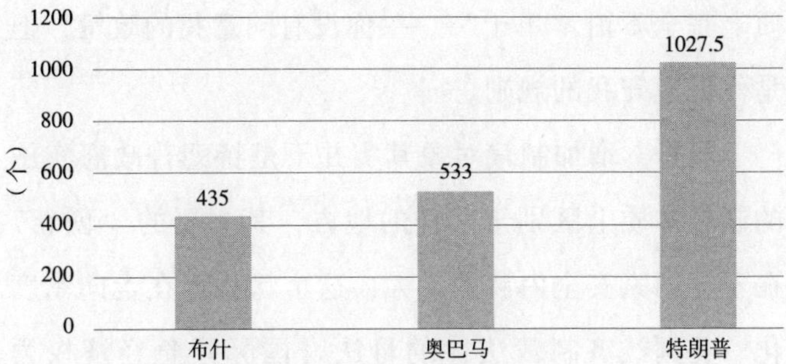

资料来源：美国吉布森律师事务所。

图 1-2　任期内平均每年制裁增加数量

特朗普政府的对伊制裁背离了奥巴马政府奉行的所谓多边主义制裁原则，他的制裁更具进攻性。作为对土耳其威胁叙利亚库尔德人的回应，特朗普威胁土耳其“将彻底摧毁并消灭土耳其经济（我不是没有做过)!”[1] 他似乎能从貌似令人敬畏的权力中感到荣光。当然，也不能说奥巴马时期的制裁就贯彻了多边主义原则。例如，在巴黎银行案中，被美国处罚的巴黎银行是由于为受制裁的古巴提供服务，而古巴在欧盟和法国并非被制裁对象，它只是美国的制裁对象，但按照美国法律，资金传输一旦经由美国，就建立了美国联系，因此受美国法律管辖。这个例子说明，从制裁执行上来看，奥巴马政府的制裁政策实

[1] https://origins.osu.edu/article/economic-sanctions-history-trump-global.

质上完全不怕“单干”——你没有同意我的政策，但是你得遵守我的规则。

但是，增加制裁对象其实并不是特朗普政府实施的制裁本质上区别于前任的地方，其主要的“创新”在于对国家安全内涵的扩大，这个趋势正在走向制度化。美国经济制裁法律的母法《国际紧急经济权力法》赋予了总统在国家安全名义下极为广泛的权力。特朗普政府将维护国家安全扩大到维护美国“经济与科技”领先地位的层面上。特朗普的著名论断是“经济安全就是国家安全”，主要体现在贸易和投资领域的政策限制。禁止联邦基金投资中国A股、“清洗终端用户”（对军民融和机构实施贸易限制）等政策皆属此类。除此以外，他还以保护“数字安全和数字主权”为由，将制裁扩大到“关键性产业技术脱钩”（如华为、中芯国际）等。低调制裁沙特、高调制裁敌人和竞争对手，对促进民主、维护人权这类西方“正义”没有多少兴趣，是特朗普政府区别于大部分前任的重要标志。不过，虽然对美国来说，通过扩大国家安全内涵来扩大经济制裁范围是一个重要变化，但从历史的角度看则远不是创新——当一个国家由盛而衰，从开放走向封闭是自我保护的常用手段。

增加制裁对象其实并不是特朗普政府实施的制裁本质上区别于前任的地方，其主要的“创新”在于对国家安全内涵的扩大，这个趋势正在走向制度化。

2018年，《华盛顿邮报》专栏作家卡舒吉（沙特籍）在沙特驻土耳其伊斯坦布尔领事馆被杀害，美国并没有采取制裁措施，原因是特朗普奉行的“美国利益优先”原则——沙特是美国在中东的最大盟友、石油美元的中流砥柱、美国军火的大买家。直到拜登上台，一是为了兑现对选民的竞选承诺，二是为下一步就俄罗斯政府涉嫌参与伦敦暗杀案和关押反对派领袖纳瓦尼等问题制裁普京铺平道路，美国才将沙特皇家卫队的快速反应部队以及沙特国家情报局副局长列入制裁名单。此次美国制裁沙特虽然有损经济，但如果美国外交继续被特朗普的任性带偏，不断破坏国际公认的原则，将会失去在国际舞台上维护所谓普世价值的道德高地，并失去盟友的支持。

拜登政府对沙特升级制裁后的第 2 周，美国联合欧盟立即颁布了针对俄罗斯的制裁，制裁对象包括 7 名高级官员，以及参与俄罗斯化学和生物工业基地的 14 家实体。这 7 名高级官员包括联邦安全局（FSB）局长博尔特尼科夫（Bortnikov）、总统办公厅内政局局长雅林（Yarin）、总统办公室第一副主任基里延科（Kiriyenko）、国防部副部长波波夫（Popov）、联邦监狱管理局（FSIN）主任卡拉什尼科夫（Kalashnikov）和联邦总检察长科兰斯洛夫（Krasnov），就差直接制裁普京本人了。

拜登上任后曾提出要减少制裁，并表示这样可以减少不必要的冲突。正如美军撤出阿富汗一样，拜登政府寻求的是可执行和有实际效力的制裁方案，以求达到“像激光一样精准”。

正如美军撤出阿富汗一样，拜登政府寻求的是可执行和有实际效力的制裁方案，以求达到“像激光一样精准”。

第二章

戳爆制裁

愚蠢！这是金钱！

2020年，中国与澳大利亚关系急转直下，中方对进口澳煤炭采取限制措施，对澳经济打击很大。那么，是谁取代了澳大利亚煤炭供应商的位置呢？是美国的多家矿业公司。2021年2月，仅一个月美国就向中国运送了30万吨煤炭；2021年6月，美国的运煤船“Young Frontier Unity”一次就向中国运送了136,400吨煤炭，据说，这创造了美国东岸同类运输的最高记录。对于这样的事情，澳大利亚只能认了。其实，如此相互拆台的事情在西方盟国中并不少见。至于什么行为可以接受，每一步棋怎么走，盟国间会有一定的默契，并进行沟通，但最终则取决于双方在军事、经济等方面的依赖关系。

迪拜，中东的明珠，一个严重依赖西方国家与中东之间经贸往来的城市，是中东通向西方国家的重要窗口。然而，许多人并不知道，它的崛起与西方国家制裁伊朗密切相关。阿联酋是美国的军事盟国、西方的盟友，有趣的是，正是在1994年阿联酋与美国建立军事同盟之后，其港口城市迪拜开始成为越来越有恃无恐的美国制裁的戳爆者。

戳爆制裁，简单地说，就是破坏制裁的效力，包括直接违反制裁，通过转换直接贸易对象、改变贸易运输中间环节、掩盖被禁物品和技术来源，违反制裁增加投资或援助等，在客观结果上破坏制裁的实际效力，甚至包括制定法律法规对抗制裁的实施，或者对制裁执行者进行报复，以阻碍制裁的施行。

1979年，美国与伊朗交恶后对伊朗实施了贸易制裁，直到1981年解禁。该贸易制裁管辖美国人和实体，不限制非美国公司行为，即不管辖其他国家的行为，除非涉及美国物品和技术等。1980年美国对伊朗出口官方数据为零，而阿联酋对伊朗的出口却出现大幅增加。

美国的制裁却成了他国的机会。为抓住这个机会，许多外国公司争先恐后来迪拜设立前台公司，购买美国商品后，再从迪拜出口到伊朗。为什么1981年以后阿联酋对伊朗的出口显著下降了呢？一位名叫Gray的学者认为，1981年1月美国结束了对伊制裁，标志着伊朗与美国的直接贸易往来得以恢复。伊朗不愿意再让中间贩子“剪羊毛”，因此导致阿联酋对伊

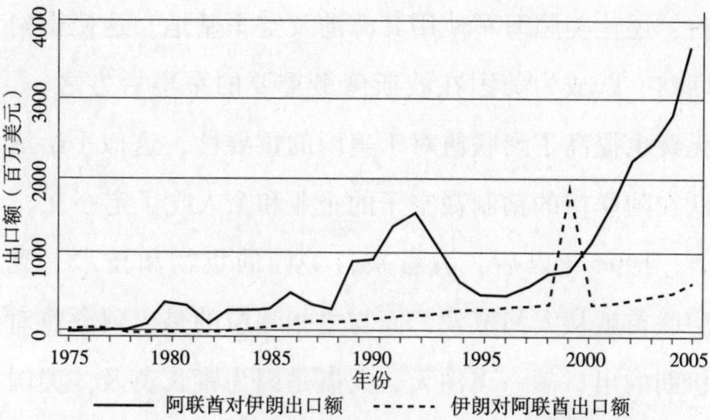

图 2-1　1975—2005 年间伊朗与阿联酋双边贸易情况

朗出口的下降。1984 年和 1986 年美国升级对伊制裁与阿联酋对伊朗出口增加再一次同时出现。1987 年，里根通过总统行政令再次增加了对伊朗禁运的货物种类。然而对于迪拜来说，美国制裁越严厉，迪拜的机会就越多。于是，伊朗对从迪拜转来的美国货物需求猛增，1987 年到 1992 年期间，阿联酋对伊朗出口增加了 3 倍以上（如上图）。再加上迪拜自由贸易区的设立和招商引资政策的施行，到 1990 年，迪拜一跃成为占全球转口贸易额 7%的大港。

学者 Early 认为，在萨达姆入侵科威特以后，阿联酋加入美国阵营，允许美军驻扎在迪拜，并提供了 35 亿美元的军事装备和作战物资。1994 年阿联酋与美国建立了军事同盟，不仅允许美国军队进入阿联酋，还让美国海军使用其海港及空军基地。这使得阿联酋一跃成为美国在波斯湾最重要的军事后方之一，无疑也提高了阿联酋对于美国的重要性，这似乎给活跃在阿联酋的钻制裁空子的企业和个人吃了定心丸。

1994 年以后，大量来自美国的货物和技术一到阿联酋就从人间蒸发，而与之相呼应的是，阿联酋对伊朗的出口额一飞冲天。大概是因为鞭长莫及，美国多半听之任之。美国有一个“最终用户检查”机制，即通过在各国设立“最终用户监察办公室”，调查从美国出口的货物和技术最终卖给了谁。美国在中国、韩国、中国香港也设有这样的办公室。然而 2005 年，当阿联酋对伊朗的出口额达到 36 亿美元新高时，学者 Early 去迪拜却看到，整个最终用户监察办公室只有一个执法人员在工作，而这个办公室在 1996 年到 1999 年间一共只抽查了 63 个最终用户。如果美国严肃对待阿联酋的戳爆制裁行为，只配备一个执法官员显然违背了其初心。

阿联酋并不是唯一一个发“贸易战争财”的美国盟国。在美国 1987 年扩大对伊朗的制裁范围后，日本、英国、意大利、荷兰、法国、德国等盟国对美国“主动让出来”的贸易市场十分有兴趣，并迅速抓住机会，伊朗从此也不再高度依赖美国货物。对外国投资者来说，经济机会显然压倒了政治风险。有研究表明，对于美国的单边和多边制裁，未参与制裁的欧盟成员形成了“逐渐接管贸易活动（尤其是进口）”[1]的趋势。

1985年至1991年，美国制裁南非为西方盟友创造了诸多经贸机会。1985年到1988年间，西德与南非的双边贸易额大幅增加。1989年到1991年间，南非已经发展出多种应对制裁的方式，与更多的国家建立贸易联系，与西德的贸易额虽增幅下降但总量仍然增加。同一时段，其他国家如英国、意大利和日本对南非的贸易也呈现出相似的趋势。

Early收集了1950年到2002年间第三方国家戳爆美国制裁的次数，发现日本拔得头筹，随后是东德、意大利、法国和英国。如果加上当时的西德，则德国（两德）排第1，日本紧随其后。排名前5名的国家几乎占到戳爆美国制裁次数的50%，大多是美国的盟国，而且这些国家经济体量大、国际化程度高、贸易对象多。

这让我想到了中国。除了具备西方国家的以上经

[1] Patrick M. Weber and Beata Stpień, “Conform or challenge? Adjustment strategies of sanction-torn companies”, *World Economy*.

济优势，中国还拥有这些国家从来不具备的优势——产业链完整、消费市场巨大。中国现在是全球进出口贸易总额最大的国家，国内消费市场又将很快成为世界上最大的消费市场。产业链的完整和消费市场的扩大将削弱美国制裁的效力，这也是美国将中国视为最大竞争对手的一个重要原因。

除了具备西方国家的以上经济优势，中国还拥有这些国家从来不具备的优势——产业链完整、消费市场巨大。

盟国之所以有胆量跟美国对着干，有两个重要驱动力：一是高额的贸易利润，二是认定美国不会因为制裁伊朗问题而破坏盟友关系。当然，最重要的还是第一点——利润。愚蠢，这可是金钱！其演化的结果就是盟国不断试探美国的底线，美国的对策则是使出金融制裁这个打击精准、控制相对方便的杀手锏，并游说联合国安理会成员国通过安理会决议制裁伊朗，并发明和实施具有域外管辖力的二级制裁。据学者Early分析，作为伊朗的长期贸易伙伴、阿拉伯世界天然同宗的邻国，阿联酋处在对伊朗制裁的咽喉之处，要对伊朗下手也需要“说辞”。2006年，美国以伊朗发展核武器为由推动联合国安理会对伊朗实施制裁，给了阿联酋这个说辞。2007年之后，阿联酋第一次有了“综合性贸易控制法”，并与美国在防止伊朗发展核武器的制裁中进行配合。但是毫无疑问，现在迪拜仍然是戳爆美国制裁至关重要的通道。

戳爆制裁的系统性艺术

典型案例

正如本书前文所述，贸易制裁很难挡住资本为获得巨额利润铤而走险。在对伊朗的制裁问题上，戳爆制裁的惯用套路是在阿联酋、土耳其等国设立前台公司为他们购买或运送违禁物品，但是名字跟制裁物品听起来毫无关联（常常注册为人道主义物资交易），然后在美国、欧洲等地设立前线购买公司，形成多重网络，在亚洲或者欧洲的离岸金融中心、避税天堂、港口城市的国际性大银行中注册一个银行账户，使用该银行账户来进行违禁物品的交易。

一家位于美国新罕布什尔州的公司“金门国际”要将美国国防部承包商的军工盈余产品运送给伊朗客户。那么，它是如何运作的呢？该公司的拥有者戴维森是一名伊朗裔美国公民，他利用于 2013 年成立的公司金门国际为德黑兰的巴巴扎德贸易公司（液压马达和泵的供应商）获取美国的军工盈余产品。2014 年 3 月至 2017 年 2 月间，金门国际为巴巴扎德购买其所要物品后，使用一家位于佐治亚州的货运代理，把土耳其的 Stare 作为海外收货人，再将物品从土耳其运往伊朗。货物包括金门国际从美国国防部购买的 2,700 件军工盈余产品，从发动机和马达到过滤器、泵和阀门。据称，戴维森购买的一些更敏感的军工盈余产品属于“商业控制清单”。巴巴扎德怎么给戴维森付款呢？他通过亚美尼亚、塞浦路斯和中国香港的银行账户给金门国际付款。2013 年至 2017 年期间，戴维森从巴巴扎德及其他外国公司共收到了 100 多万美元。[1]

在另一个绕开制裁的案例中，美国新泽西州的一家批发商“埃德森装备”将美国制造的飞机零部件卖给中东各地的货运代理，然后通过设在伊朗和土耳其的前台公司网络获得这些物品，最终运送到伊朗。美国公民埃利亚巴克斯拥有的埃德森装备为受到美国

〔1〕 https://www.iranwatch.org/our-publications/international-enforcement-actions/how-freight-forwarders-front-companies-help-iran-obtain-american-technology.

制裁的伊朗航空公司——里海航空公司、基什航空公司、马汉航空公司和乌克兰地中海航空公司采购零部件，然后隐藏伊朗作为“最终用户”的身份和目的地。她聘请美国货运代理将产品运送到阿联酋和土耳其的前台公司，并将这些前台公司设定为最终收货人，事实上这些前台公司将货物转交给了伊朗人拉里贾尼，拉里贾尼再通过他的公司网络，将货物经由土耳其和阿联酋运往伊朗。随后，拉里贾尼通过以公司名义开设的土耳其银行账户向美国的埃利亚巴克斯付款。从 2014 年 1 月至 2018 年 1 月，拉里贾尼共向埃德森装备支付了 500 多万美元。

据报道，被美国制裁的伊朗伊斯兰革命卫队控制了一个叫安萨尔的银行（Ansar Bank）。利用这个银行，伊朗政府建立了一个由伊朗、土耳其和阿联酋 3 国前台公司组成的分层网络，绕过制裁，进入国际金融体系，并将伊朗里亚尔兑换成美元和欧元，以购买伊斯兰革命卫队所需的物资。在过去 3 年里，伊斯兰革命卫队采购了数亿美元的物资，包括数百辆汽车。[1]

---

〔1〕 https：//home. treasury. gov/news/press-releases/sm639.

戳爆制裁的“专家”说道

很多国际性贸易公司发展出一套巧妙绕开制裁的系统性戳破制裁方案，也有一群戳爆制裁“专家”为新手逃避制裁提供服务。戳爆制裁通常从贿赂官员开始。有的船只因长期运送违禁物品遭到制裁，但有人将违禁船只改换门庭并贿赂海关官员，就得以放行。虽然每一艘船都有独特的认证号码，但有的海关官员有意忽视其认证号码，让改换门庭的违禁船只过港装卸，这样就不容易被外人发现和举报。他们还将船队所有者注册在几乎没有“反洗钱执法”的塞舌尔或英属维尔京群岛等地。其实，违禁品的运输比较容易过关，因为没有任何海关有能力对每日成千上万的集装箱进行普查。

很多国际性贸易公司发展出一套巧妙绕开制裁的系统性戳破制裁方案，也有一群戳爆制裁“专家”为新手逃避制裁提供服务。

伊朗现在需要大量有跟踪监视功能的设备和技术，但是这些设备和技术刚好在被禁之列。逃避制裁领域的专家们建议，可以从位于西方或亚洲的公司为伊朗订购电信和技术设备，并在购买时备注“出于正当执法目的”。有的公司把美国最知名的技术公司“绑上船”，让他们在不知情的情况下供应软件和硬件；还有的公司跟想要获得伊朗电信经营执照或其他利益的外国公司做交易，以换取他们帮忙购买所需美国物品。这样，戳爆制裁的协助者不光是在一笔交易中获得高额利润，还能获得长期商业利益。

成立慈善机构来绕过制裁也是经常被专家们拿出来讲的例子。有的跨国石油公司在美国成立了慈善机构，然后利用这些慈善机构调动现金来贿赂相关官员、在联合国相关的部门和项目中购买影响力、为违禁物品的购买支付款项。例如，以“发展性援助”为名，使用外界不太了解的联合国机构，通过他们采购军民两用设备和技术，然后转运到被制裁国。用联合国集装箱装载，很少被海关抽查，并且，联合国对伊朗制裁有一个明显的漏洞——只有在经手国“有合理的理由相信”该船正在运输“被禁货物”的情况下，才允许在该国领海内进行搜查。戳爆制裁领域的专家认为，愿意为伊朗提供或接收那些违禁品的国家当然不会相信并找到“合理依据”开展搜查。

但是，如果这些交易被全球监控系统发现，例如跨国银行的监控系统，那就麻烦了。国际性大银行等金融机构对具有某些特征的账户和交易专设警报和调查。与违反制裁活动密集的高风险国家、离岸金融中心有资金往来的账户，与众所周知的“反洗钱松懈”

的国际性金融机构有资金往来的账户，账户的资金流水情况与其声称的用途不符（例如，根据公司业务性质不应该有如此大额的资金周转，冒充是最终使用者但没有能力或理由使用这些设备），从文件中发现货物“运输路线诡异”（如停靠在不必要的路线上），“付账路线诡异”，名义收款人与信用证（letter of credit）收款人不是同一个人等等可疑形迹，都可以成为被发现的线索。

国际性大银行受制于西方制裁的最大原因是他们依赖美国或欧洲业务，因此会花费巨资打造制裁监控体系。戳爆制裁者善于挖掘非国际性大银行，尤其青睐对美国或欧洲业务不太关心的银行。即使它们被美国指认为二级制裁的对象，还有很多专门从事“非西方业务”的银行愿意提供违反西方制裁的业务，改变其客户身份，“抹去关键客户信息”。为了不让这些银行成为西方银行监控的重点，戳爆制裁者又增加了一层掩护，在看似跟被制裁的业务毫无联系的国家设立账户，从那里结账。例如从马来西亚购买伊朗石油，在欧洲付款给伊朗卖主的代理人。在银行人员的“配合”下，官方文件和报表上，所有这些都能做得天衣无缝，除了银行“吹口哨者”自我揭发、新闻机构介入，其他参与该转账付款的关系银行很难发现。但

国际性大银行受制于西方制裁的最大原因是他们依赖美国或欧洲业务，因此花费巨资打造制裁监控体系。

是，增加掩护也就意味着增大了风险，实际上增加了作案成本，最后自然会转嫁到货物价格上。并且，随着各国对账户的“实际拥有者”和“控制者”的监控收紧，国际性大银行和制裁情报公司与这些代理人的“猫抓老鼠”游戏也在升级。道琼斯公司、律商联讯公司用大数据、人工智能挖掘了大量与被制裁者有关系的个人或公司信息。一旦国际性金融机构掌握了代理人信息，违禁贸易结算就没有想像得那样容易。

随着各国对账户的“实际拥有者”和“控制者”的监控收紧，国际性大银行和制裁情报公司与这些代理人的“猫抓老鼠”游戏也在升级。

对于不算笨重、体积较小的技术产品，戳爆制裁者常常利用欧洲的私人飞机来运送，因为那里的出口和海关管制更宽松。他们在德国市场上采购到先进技术产品，就近使用德国的私人飞机飞往土耳其、阿联酋这样的第三国，最后转飞伊朗。他们还发现，散居在外的伊朗人更容易引起怀疑，于是宁愿花时间寻找俄罗斯人或东欧人来操作。“转运”的操作者们还会选择看似无害的第三国，如比利时、荷兰这些外贸大国进行转运，再加一层掩护。

幌子公司、代理人、多层掩护都可能被银行或港口检查识别。于是，有的制裁逃避者直接把违禁物品藏匿在非违禁物品中运送，但随着扫描识别、监测货物性能技术的发展，这一招没有过去好用了。然而，对于像石油这样没有 logo 和序列号的产品来说，如果混合在一起，要从技术上自动识别则很难。戳爆制裁者于是发展出“石油鸡尾酒”的办法，将伊朗的石油运到第三国的存储设施中，与当地的石油混合，然后通过这些第三国的前台公司出售，这样就很难被发现了。戳爆制裁者通过重新标记或混合伊朗石油，将其作为其他国家的石油来出口，这样一来，海关官员就全然不知其就里了。

除了混油，戳爆制裁者还有一招——把两艘轮船开到公海，在那里换油。正常情况下，轮船会在公海上通过“转发器”（Automatic Identification System，简称“AIS”）发出船舶位置的信号，这些信号里包括航向、速度、货物、船舶在哪个国家/地区注册，以及大量其他信息。港口调度方通过这些信号监控船只航行、实施调度，船舶还使用转发器来防止碰撞。为了绕过制裁，两艘轮船驶向公海，关掉转发器信号，更有甚者制造更强信号或通过黑客手段来操纵信号，让监控者无法监测船只航行的路线。从转发器信号来看，这两艘轮船在公海上消失了，或者按照既定路线航行着，实际上它们正在换油。但是，现在到处都有监控卫星，记录着船舶图像并向政府机构提供分析材料。事实上，世界上许多国家都开始用监控卫星来跟踪来自伊朗等受制裁国家的远洋运输。通过这些监控卫星，这些国家可以确定船舶何时离开港口、前往何处、与谁相遇，甚至可以根据货船的影子分析货物转运的方向、船只入水的深度，估算货物重量的变化。

实际上，新闻调查机构、政策分析公司，如国防研究中心（Center for Advanced Defense Studies）等，一直在搜集数据、监控和分析这类事件的发展。这些非营利性组织所调查到的关联人物、证据都会与有关国家的政府和私人情报机构分享。本书前面提到的律商联讯、道琼斯制裁观察名单上，都会包括媒体和非营利性组织挖掘出的人物和公司信息，包括那些尚未被起诉、逮捕或列进被制裁名单的对象。在制裁监控的专业术语中，他们属于“反向媒体认定”一类。不要小觑西方媒体的调查能力，史上最大的洗钱案“丹麦银行洗钱案”就是被媒体曝光才进入司法调查视野的。

这些非营利性组织所调查到的关联人物、证据都会与有关国家的政府和私人情报机构分享。

超级抢钱术

从贸易制裁到定向金融制裁，是从跟踪货船的走向到更多地依赖钱的流向。钱的流动很难作假，而把账户交到他人手里、让他人持有和靠他人转账无疑增加了一层风险。在美国越来越紧的金融制裁紧逼之下，逃避制裁的操作空间不断被挤压，于是有的国家开始铤而走险了。

一臂之遥的追击

2016年2月5日（周五），孟加拉国发生了一件令人瞠目结舌的黑客事件。当日上午，孟加拉国央行人员来上班时，发现一个异常现象——“通宵交易”的确认记录没有按惯例打印出来。这家银行使用SWFIT来确认转账交易的发起和完成。该行有打印机与SWIFT终端系统直接联系，每次转账的请求都会在24小时内自动打印。然而，由于转账的时滞性很容易被黑客利用，因此等到有关职员意识到这一问题时，为时已晚。他们尝试手动打印报告，但发现关键系统文件已经丢失或被篡改。

孟加拉国央行顿时笼罩在一片惊恐的气氛中。是否已经有资金汇出？系统记录显示，尚未有款项被发送出去。他们立即停止了那些仍待处理的放款指令，并很快联系了 SWIFT 和纽约联储。然而，黑客选择的“抢劫”时机是经过周密计算的——由于是周末，纽约联储方面无人回应。直到纽约时间周一早上（孟加拉国时间 2 月 8 日晚间），孟加拉国央行才最终得知，5 笔汇出款项已经完结，总额达 1.01 亿美元。

如果不是因为黑客疏忽打错一个字母被纽约联储发现，损失可达 10 亿美元之巨。原来，在 2 月 4 日，黑客通过他们获取的孟加拉国央行进入 SWIFT 系统的“安全认证信息”，以该行名义向纽约联储发送了 35 项资金转移请求，要求纽约联储将孟加拉国央行的资金转移至菲律宾、斯里兰卡和亚洲其他地区的银行账户。[1] 其中一项本要转移给沙利卡基金会（Shalika Foundation），结果被他们误写为 Shalika Fan-

〔1〕 与其他国家央行一样，孟加拉国央行在纽约联储有账号，以方便美元存储和转账。SWIFT 则是发送安全转账指令和确认安全的第三方。

dation。这个笔误敲响了纽约联储的警报，于是纽约联储开始不断给孟加拉国央行发出信息询问。然而，当时又是孟加拉国的非工作时间，纽约联储没有得到任何回复，又一次错失沟通，黑客显然有备而来。最终，纽约联储中止了“fandation”警报之后的30笔转账交易，但先前的5笔交易已经放行，无法撤回。

30笔被纽约联储中止的交易共计8.5亿美元。而放行的5笔交易中，4笔将8100万美元转给了菲律宾的Rizal商业银行，1笔将2000万美元转给了泛亚银行，8100万美元存入了马尼拉Rizal分行的4个账户。这些账户均于一年前的2015年5月开设，但当时账户余额只有500美元，一直处于闲置状态，就等着被盗资金抵达，完成其使命。孟加拉国央行设法让泛亚银行将收到的2000万美元退回，但是转给Rizal商业银行的8100万已所剩无几，这些账户以现金交易频繁的赌场名义开启，开户人利用周末时间，在2月5日到9日之间了取走大部分存款，仅留了6.8万美元在账上。最后，这个策划了3年的“抢钱”计划最终获得了8100万美元。

孟加拉国央行认为，Rizal马尼拉分行在收到其警告后，还将如此大笔的现金让人取走，其分行管理人Maia Santos Deguito十分可疑。孟加拉国央行提起诉讼，2019 年 1 月 10 日，Maia Santos Deguito 被判洗钱罪，面临 4 年到 7 年的监禁。[1] 据报道，类似的黑客攻击和盗窃至少还有两起，甚至更多。SWIFT 向成员发出了警报，亚洲有另一家银行也遭到类似攻击。该警报并未明确指明是哪家银行，但越南的天丰银行告诉路透社，在 2015 年第四季度，它遇到并制止了类似的 SWIFT 黑客攻击，涉及金额约 110 万美元。[2]

孟加拉国央行案中，黑客是如何掩盖自己的蛛丝马迹的呢？据悉，他们在银行网络上安装了恶意软件，以防止工作人员迅速发现欺诈交易。该恶意软件破坏了用于自动打印 SWIFT 交易的软件，而黑客早在 2016 年 1 月份就将其安装在银行的系统中。在越南天丰银行的案件中，恶意软件篡改了银行用来记录 SWIFT 汇款的 PDF 阅读器，操纵了 PDF 报告，从中删除了有可能暴露欺诈性交易的痕迹。

对于并不发达的孟加拉国来说，8100 万美元并不是一个小数目。孟加拉国央行的安全设施在 2016 年仍然如此脆弱，在黑客面前不堪一击，令人叹息。

〔1〕 https：//www. bloomberg. com/news/features/2017 - 08 - 03/a - baccarat - binge - helped - launder - the - world - s - biggest - cyberheist https：//www. bloomberg. com/news/features/2017-08-03/a-baccarat-binge-helped-launder-the-world-s-biggest-cyberheist.

〔2〕 https：//www. wired. com/2016/05/insane-81m-bangladesh-bank-heist-heres-know/.

使用新金融力量对抗金融制裁

金融通道是联通世界贸易的血脉。在国际经济相互渗透和依存的今天，伴随国际资本全球流动的便利性而来的，是其易被攻击的脆弱性。一个封闭的经济体受到的影响相对有限，但一个依赖单一国际贸易的经济体可能会受到金融制裁的致命性打击，尤其是严重依赖石油贸易的国家，如伊朗和叙利亚。叙利亚、伊朗、俄罗斯、委内瑞拉、古巴和苏丹的经济都因为美国的金融制裁和贸易禁运而受到重创。

金融通道是联通世界贸易的血脉。在国际经济相互渗透和依存的今天，伴随国际资本全球流动的便利性而来的，是其易被攻击的脆弱性。

由于国际大宗交易都需要以银行为主的金融机构进行结算，金融领域成为制裁监控和实施的主要渠道。美元和美国金融系统在全球的中心地位，为美国金融制裁在全世界的实施奠定了基础。但是现在，美元的中心地位正受到来自经济危机、国际信誉以及加密币和区块链带来的前所未有的挑战。“去中心化”的加密币和区块链在国际金融圈中的边缘国家被大肆追捧。虽然现在还没有一种民间的或国家的加密币与美元、欧元抗衡，但挑战是存在的。在可预见的未来，基于区块链的跨境传输模式将打破传统跨境传输范式，与 SWIFT 和“关系银行转账框架”（这是美国主导的一个国际系统，是国际传输中的“建制派”，依赖层层关系进行银行间转账，大概率离不开 SWIFT 和美国的国际性银行）下的既得利益者争夺领地，必将削弱建立在该传统范式基础上的西方金融制裁的打击力。2020 年年底，建立在区块链基础上的中国央行数字货币已然落地，一些中小国家，尤其是处于传统金融圈中心地位之外的国家，央行数字货币研发正在升温。

与此同时，分布式记账的民间货币正在开拓一个全新的金融格局。很多加密币已经有独立的储值和支付功能，特斯拉在 2021 年购买了价值 15 亿美元的比特币以替代黄金，作为避险资金的一部分，更多机构性投资者转向比特币这个“数字黄金”。有些加密币可以直接在全球币圈外购物，换取各种商品。现在，全世界有超过 2000 个商家可以接受比特币交易，包括苹果公司、微软和布鲁明戴尔百货店（Bloomingdale）。

国际支付巨头 Paypal、Visa 已经将加密币纳入其支付清算体系，使用加密币的借记卡正在开拓市场。

包括摩根大通银行在内的多家银行早就在给加密币商品交易市场提供服务。美国的俄亥俄州政府还专门为企业以比特币形式“交税”提供技术支持。欧美国家对加密币的监管态度也日渐明朗。2020 年，美国货币监理署（OCC）批准了商业银行进入“稳定性加密币”的区块链中，去验证和传输加密币。总之，加密币正在一路消除各种路障，以比想象更为丰富和快速的方式，走向越来越大的国际舞台。2021 年 6 月，拉美国家萨尔瓦多正式将比特币作为其法定货币的一种。很多拉美国家的人长期在北美打工，每年汇回上百亿美元。如果通过传统国际性大银行转账会被剪掉3%到 20%不等的“羊毛”，况且很多传统国际性大银行不愿意给他们提供服务。于是，他们被迫通过地下钱庄或者转几个弯的通道来转账，但这样被“剪羊毛”更多。政府直接接受比特币虽然很冒险，但能提高收入。至于利弊，则要看政府的监管能力和资源。这就是扎克伯格虎视眈眈了很久、要抢占先机去开辟的领域。

作为新生事物，加密币或区块链金融正处于从乱象重生到规范日益明朗的阶段，但是目前加密币交易所和公司的安全设施仍然相对薄弱，成为全世界黑客攻击的作案高发地。交易所被黑客攻陷是家常便饭，

作为新生事物，加密币或区块链金融正处于从乱象重生到规范日益明朗的阶段，但是目前加密币交易所和公司的安全设施仍然相对薄弱，成为全世界黑客攻击的作案高发地。

数十亿美元的加密币资产被盗，至今没有下落。由于其“去中心”的运行机制，加密币的洗白方式远远比法币更为隐匿和方便；加密币还可以直接用于违禁武器交易、毒品交易和走私结算；还有一些比比特币更为隐蔽的加密币，为加密币兑换成法币提供更为隐蔽的通道。

这跟逃避制裁有关系吗？当然有。通过使用黑客窃取的加密币已经成为一个全新的、更易得的且使用灵活的收入来源。

数字货币破局

哪里有制裁，哪里就有替代。无论是技术产品，还是金融服务，本质上都一样。

哪里有制裁，哪里就有替代。无论是技术产品，还是金融服务，本质上都一样。前文提到，国际性金融机构在监控违反制裁的交易时，要对有“多层所有人”结构、使用“蹊跷地址”的前台公司和卷入“复杂付款”交易的行为等专门调查，尤其是当资金被传输至违反制裁和洗钱的多发地，如反洗钱监管松懈的地方、避税天堂，尤其是像土耳其、阿联酋这样的高风险国家。

这些国家是怎么应对的呢？作为伊朗的门户，阿联酋与伊朗、俄罗斯等要回避国际制裁的国家一样，正在寻找其他国际支付方式，以替代西方建立的传统跨境传输模式。2021 年，阿联酋央行与中国香港金管局、泰国中央银行以及中国人民银行数字货币研究所开始探索如何利用区块链技术构建央行数字货币的跨境传输通道。

事实上，许多国家都在为建立颠覆性的新型跨境传输渠道而努力。目前，金砖五国都在开发本国的数字货币，其目的就是要避开美国银行网络和第三方进行交易。有的小国，如马绍尔群岛共和国，推出数字货币则是要保持其国内市场与外界的联系。在加密币和区块链技术诞生之前，马绍尔群岛与外部世界的金融联系全靠别国的国际性银行分支，而岛上唯一的全球性金融机构分支也因洗钱风险大、制裁和反洗钱监控合规成本高、长期不赚钱而打算关门。现在，马绍尔群岛发行的基于区块链技术的央行数字货币则可越过“中间银行”这一环节，直接与世界各地的金融机构进行交易。

在新金融模式成形之前，马耳他、瑞士等小国都在争夺新型国际结算的枢纽地位；而新加坡则在努力创造一种开放、受欢迎的环境，以求维持其金融枢纽的中心位置。2019 年 10 月，国际清算银行（Bank of

International Settlements）宣布建立研究中心，致力于研究各国央行发行的数字货币如何在区块链上整合和传输等多项枢纽性项目。2019 年，VISA 推出基于 Hyperledger Fabric（一种区块链）的服务，无须使用 SWIFT 即可在国际范围内实现公司间的高额支付。此前，Bitcoin、Ripple 和 Stella 等公司的加密币和跨境传输方案早已影响全球，多个传统金融机构也加入新的跨境传输方案甚至参与铸币（如 JPM Coin）。

与小国相比，大国的态度更为谨慎。中国领先于其他大国，已经发行了央行数字货币。若能抓住先发优势，制定标准，稳住核心成员，同时逐步放开汇率政策，推进人民币国际化，减少出口依赖，中国就能逐渐在国际跨境支付领域掌握主动。但是，无论是中国也好，整个世界也好，建立颠覆性跨境传输系统的努力仍在路上，道阻且长。

在传统跨境传输仍是主要运行方式的大环境下，中国政府在既定框架下进行了“改良式”努力。2021 年 1 月，SWIFT（持股 55%）联手中国人民银行清算总中心（持股 34%）、跨境银行间支付清算有限责任公司（CIPS）（持股 5%）、中国支付清算协会（PCAC）（持股 3%）、央行数字货币研究所（持股 3%）合资在北京建立了“金融信息通道”。外界猜测颇多，有人认为这是 SWIFT 在帮助人民币数字货币走向世界。SWIFT 方面在区块链技术的重重挑战之下，的确不能排除与以区块链为基础的传输渠道开放互操作性，以防完全掉队，同时也加紧在本身框架下大大改善信息传送速度，保持竞争力。但是，“让数字人民币走向世界”这一动议肯定不会得到 SWIFT 这个建制派中心势力的支持。事实上，SWIFT 在给路透社的回应中强调，与中国合作主要源于中国法律的合规要求。

这是一个具有重要意义的事件。过去，中国的各大银行与 SWIFT 直接联系并传递信息，SWIFT 拥有所有交易数据。在新的金融信息通道下，所有通过 SWIFT 传输的数据将直接在中国香港汇总整合。对该数据的管理将遵守中国相关法律，实现数据安全性。SWIFT 作为一个由西方金融机构率先建立起来的机构，对西方尤其是美国的合规要求一贯配合，甚至有的时候，这些合规要求跟中国的银行数据保密法律法规相冲突。举个例子，美国的《爱国者法》赋予美国财政部权力，可传唤非美国金融机构，索要与美国银行的关系银行账户交易所涉及的客户信息。如果非美国银行在被传唤时不配合提供相关客户信息，美国财政部可以下令让美国银行切断其交易账户，过渡性

这是一个具有重要意义的事件。过去，中国的各大银行与 SWIFT 直接联系并传递信息，SWIFT 拥有所有交易数据。在新的金融信息通道下，所有通过 SWIFT 传输的数据将直接在中国香港汇总整合。

的惩罚措施包括罚款。

当然，与 SWIFT 的合作也将解决其他一些问题。但此举最重要的意义在于，当美国的金融制裁可以直抵中国香港，而中国的金融市场正在加速对外开放、与世界的金融联系正在持续深化中，维护金融数据主权是十分重要的。

反制裁法律

欧盟的“阻断法令”

为了应对单边制裁，欧盟和中国先后制定了反制裁法律。1996 年，为了减小美国制裁法律《赫尔姆斯-伯顿法》和《伊朗和利比亚制裁法》规定的经济制裁对欧盟这个第三方实体的域外影响，欧盟理事会通过了（EC）2271/96“阻断法令”，旨在保护欧盟成员免受上述制裁的域外管辖权影响。对于因美国制裁而受损的个人或实体，允许他们追索赔偿，同时也给不得不遵守美国制裁的例外情况提供豁免待遇。但是，该法令尚未被实施过。

在特朗普退出伊核协议以后，为了对冲美国二级制裁对与伊朗开展合法业务的欧盟公司的影响，2018 年欧盟委员会通过了授权条例（EU）2018/1100，更新了“阻断法令”，将适用范围扩大到与美国退出伊核协议有关的美对伊制裁。然而，只有少数成员国在国家层面通过了相关立法，欧盟“阻断法令”因执行不力而被视为无效。

很多国际性公司则陆续退出了伊朗市场，他们宁可违反没有实际效力的“阻断法令”，也要规避美国的制裁风险。

处于美国二级制裁和欧盟“阻断法令”夹缝之间的欧洲国际性金融机构、国际性公司则选择按照美国制裁的要求出牌。在特朗普政府大举制裁伊朗的石油贸易之后，没有一家欧洲的国际性大银行愿意冒违反美国制裁而被处罚的风险，为伊朗石油贸易做结算。很多国际性公司则陆续退出了伊朗市场，他们宁可违反没有实际效力的“阻断法令”，也要规避美国的制裁风险。

但是，这个情况在近两年有所改变。2020 年，欧盟的“阻断法令”第一次在法庭上被引用。2020 年 5 月，欧盟法院（CJEU）的总倡议长（Advocate General）[1] 杰拉德·霍根（Gerard Hogan）发表意见称，欧盟实体若要终止与被美国制裁的伊朗实体间的合同关系，必须要给出除遵守美国制裁之外的理由，如“道德底线”、公司的“社会责任政策”等等，如

〔1〕 总倡议长（Advocate General）是欧盟法院的成员，按照与法官相同的程序任命。他们享有与法官相同的特权（豁免），6 年任期届满前不得免职。

果仅仅为了遵守美国制裁而终止合同，则该行为应被视为无效，欧盟国家法院应判决维持有关合同关系。作为一项公共政策，霍根表示，欧盟“阻断法令”必须让欧盟实体清楚地了解到，他们有义务提供终止关系的理由，并说服相关法院，它确实不是因遵守美国二级制裁而终止有效合同。

欧盟的态度为何发生了改变？此事缘于伊朗梅利银行在德国法院对德国电信公司提起的诉讼。之后该案被提交给欧盟法院，要求澄清欧盟“阻断法令”的适用范围。梅利银行认为，德国电信在终止合同时违反了“阻断法令”。德国电信发出的通知无效，因为它的动机完全是“遵守美国制裁”——禁止非美国企业与伊朗被制裁企业交易，否则将被施以二级制裁。而德国电信则称，他们拥有在不说明理由的情况下终止合同的“普遍权利”，“阻断法令”并未剥夺这一权利。德国电信认为，这个普遍权利留下了自由空间，让他们随时可终止与伊朗梅利银行的业务关系，动机并不重要。

对于梅利银行来说，欧盟实体以其他原因如“社会责任”为由将其排除在外的操作空间很大。下面，我们来看看梅利银行的背景和围绕该银行的事态发展。2007 年，为敦促伊朗终止发展敏感核活动和核武器运载系统的研制，欧盟通过了一个“共同立场”。2008 年，根据这一立场，欧盟冻结了伊朗最大的国有银行——梅利银行的资产。原因是，它为伊朗核武器和弹道导弹的研制提供了资金支持。直到 2016 年伊核协议生效，这些资金才被解冻。在大西洋的另一边，2007 年，美国财政部根据第 13382 号行政令将梅利银行指定为被制裁对象；2015 年，根据伊核协议有关条款，美国同意取消对伊朗大多数与“核研发”相关的二级制裁，并将 400 多个实体从制裁名单（SDN 名单和其他名单）中删除。2016 年伊核协议生效后，美国财政部从制裁名单中删除了梅利银行，但是仍然有多个伊朗银行和实体在美国的制裁名单上。

2018 年，中东国家巴林王国在海牙国际法院中发表意见，认为梅利银行通过其合资建立的“未来银行”，被伊朗长期用作在巴林境内的“特洛伊木马”，使伊朗得以秘密进入国际货币体系。巴林指控未来银行故意删除、更改伊朗被制裁实体的识别信息，为之完成了至少 70 亿美元的电汇额。巴林的审计人员还发现了 4500 多起梅利银行与未来银行官员的电汇往来，这些往来都掩盖了伊朗作为资金发送者或接收者的事实。巴林方面认为，“数百个银行账户与被判犯有洗钱和恐怖主义融资的个人有关，还有给予伊斯兰革命卫队前台公司的魔幻贷款"〔1〕。

2018年美国退出了伊核协议，重新启动了制裁，梅利银行再次被列入制裁名单，当天，梅利银行就被SWIFT暂时除名。据悉，在美国退出伊核协议之后，德国电信立即发出通知终止与梅利银行的所有合同，其理由是梅利银行被制裁、被SWIFT踢出系统。同时，德国电信也终止了其他9家与伊朗有联系的公司的合同。德国电信中断服务导致梅利银行无法通过其德国分行开展业务，引发外界对该行偿付能力和资金充盈度的质疑。〔2〕

梅利银行向德国一审法院寻求帮助，请求法院判决德国电信维持合同约定。汉堡地区法院判决德国电信履行现有合同，但仅限于普通终止合同行为所要求的法定"通知期"之内。更重要的是，法院还认为德国电信并没有违反"阻断法令"第5条。作为伊朗最大的国有银行，梅利银行立即提出上诉。

受理这一案件的德国汉萨高等地区法院慎重行事，请求欧盟司法委员会澄清"阻断法令"的适用

---

〔1〕 https://www.natlawreview.com/article/iran-s-trojan-horse-bank.

〔2〕 https://www.atlanticcouncil.org/blogs/iransource/hemmati-the-dark-horse-of-the-iranian-presidential-election/.

范围，于是就出现了上文中总倡议长的意见表述。但是，总倡议长的意见对欧盟法庭没有约束力，此案有待法官审判。

迄今为止，欧盟的“阻断法令”尚未被实施过。毫无疑问，这个正在进行中的案件将告诉世界德国在该问题上的政治倾向。作为伊朗购买高科技产品长期来源地的德国将如何处理与伊朗的贸易关系，如何抵制美国制裁在本国的影响力，以及如何维护德国经济政策的独立性，此案无疑具有重要意义。

中国的《反外国制裁法》

2021 年 1 月，中国商务部发布了《阻断外国法律与措施不当域外适用办法》（以下简称“阻断办法”），为受到外国法律和措施不当域外适用的企业和公民提供救济渠道，保护他们的合法权益。该办法与欧盟的“阻断法令”的法意和内容相似，也是主要针对外国法律的域外管辖，旨在保护中国公民、法人与第三国（地区）从事正常经贸活动的权利，对中国企业因受外国二级制裁影响而采取的行为进行规范。与欧盟的“阻断法令”一样，该办法要求受外国制裁影响的企业在30天内向国务院商务主管部门如实上报情况，也给企业预留了豁免空间。什么是不当域外管辖呢？文书中列出了评估不当的主要依据：

——是否违反国际法和国际关系基本准则；

——对中国国家主权、安全、发展利益可能产生的影响；

——对中国公民、法人或者其他组织合法权益可能产生的影响；

——其他应当考虑的因素。

这些原则性叙述给执行留下了很大的空间，可以说是包罗万象（如“其他应当考虑的因素”），评估之后，由国务院商务主管部门发布针对“特定外国制裁”的禁令。由国家的一个部门对具体制裁逐个审查，预留了较大的灵活度，而非扫地似地封禁。欧盟的《制裁阻断法令》采取的方式虽有不同，但也是就具体制裁法律而定，并非针对所有域外管辖的制裁法律，迄今为止其管辖对象算是“狭窄定义”（narrowly defined），只约束与伊朗和古巴有关的特定制裁。

2021年6月，一个更强有力的法律诞生了。中国颁布《中华人民共和国反外国制裁法》（简称《反外国制裁法》），跟之前商务部的“阻断办法”以及欧盟的“阻断法令”全然不同，除了给商务部的“阻断办法”以及外交部的反制措施提供法律依据以外，还大大提高了反制力度：

——将管辖重心从关注第三国扩展到对所有类型的制裁进行反制。也就是说，从阻断美国二级制裁的域外管辖，扩大到了阻断美国的一级制裁。过去美国对中国的直接制裁很少，而过去两年则四处放火，中国已经成为美国制裁的重要对象之一；

——将外国制裁制定者和执行人纳入反制清单加以制裁，包括冻结财产和禁止交易；被制裁者的直系亲属也将被给予同样的制裁待遇；

——任何组织和个人均不得执行或协助执行外国对中国公民、组织采取的歧视性限制措施。任何组织和个人不执行、不配合实施反制措施的，依法追究法律责任。

相比于商务部于 2021 年 1 月出台的《阻断外国法律与措施不当域外适用办法》，6 月出台的《反外国制裁法》气势完全不同，目的是向国际社会申言——不要以为美国的制裁普天下适用，中国不光可以说不，还有能力反制！

中国《反外国制裁法》告诫国际商家们，违反美国制裁会被冻结财产和禁止交易，而违反中国的反制裁法也会被冻结财产和禁止交易。

中国《反外国制裁法》告诫国际商家们，违反美国制裁会被冻结财产和禁止交易，而违反中国的反制裁法也会被冻结财产和禁止交易。如果代价平等，选择站在哪一边将更多取决于这些公司的商业利益，商家们会掂量哪边的商业利益更多。但是这个代价肯定是不平等的。决定此代价的首先在于法律的执行力度。欧盟的“阻断法令”因执行不力而被视为无效。与之相比，中国相对完整的内循环供应链则促成了中国政府在面对挑衅时实施反制的强烈意愿和能力。

欧盟国家中，德国是中国的重要贸易伙伴。大众和宝马对中国市场有很强的依赖性，西门子及其他一些企业也将中国视为最重要的市场之一，这些公司受到美国制裁的影响是有限的。对于这些主要面向大众消费市场的厂商来说，被美制裁的中国个人数量之于中国的消费者市场来说可以忽略不计。此外，宝马公司可以将车卖给经销商，然后再经过多次转手卖给被美国制裁的对象，多次转手很难追究宝马公司的责任。受影响最大的将是中国的华为、中兴、中芯国际等高科技公司，以及高等院校和军民融合相关的公司供货和提供服务的欧美企业，他们一直在游说美国国会放松对中国的制裁。这些企业还包括现在拉满了弓要进军中国市场的国际性大银行，如摩根大通。2021年6月，在拜登政府宣布把与中国“有军事联系”的企业制裁名单增加到59家之后，摩根大通立即将新增的两家华为融资关联公司 Proven Glory Capital Ltd.

及 Proven Honour Capital Ltd. 从“新兴市场债券固定收入指数基金”CEMBI 及 JAC 中除名。[1] 但是，现行的中国《反外国制裁法》本身的域外管辖内容不明，发生在中国辖区外的行为是否会被追究责任还有待观察。

总之，如果这些企业或银行希望继续保持在中国的市场或进军中国市场，他们就需要考虑违反或规避美国的制裁；如果他们不将产品售卖给被制裁的中国公司，或者中断对华投资，将可能被中方视为歧视性待遇而引发诉讼、赔偿甚至被列入反制名单，直至被冻结资产和禁止交易。

除了比拼市场力量之外，美国还持有一个超越美国市场的或进军中国市场、可迅速打击全球几乎任何一个角落的金融制裁武器。对这些国际性大公司来说，被西方金融圈排除在外几乎意味着被宣判死刑。

除了比拼市场力量之外，美国还持有一个超越美国市场的或进军中国市场、可迅速打击全球几乎任何一个角落的金融制裁武器。对这些国际性大公司来说，被西方金融圈排除在外几乎意味着被宣判死刑。

但是，如果美国打击范围太大，美元的国际地位将会受到影响，其他国际性货币就会顺势挤压美元的市场占有率。同时，处于夹缝中的国际供应商与其冒险被制裁或反制，不如在其生产流程和供应链中清除美国

〔1〕 https：//cn. reuters. com/article/jpmorgan-chase-huawei-bond-index-0609-id-CNKCS2DL0YW.

技术，将公司的专利注册在第三国，将各国的高科技占有率碎片化、平均化。

中国的《反外国制裁法》连同商务部发布的《不可靠实体清单规定》《阻断外国法律与措施不当域外适用办法》，以及《中华人民共和国出口管制法》，形成了中国对抗西方制裁的法律和政策框架，下一步将是在实施中建立威慑力，改变国际性大企业行为的后果参数，迫使他们重新审视过去主要基于西方价值和制裁而建立的合规策略，寻找新的平衡点。

最后，“法律制度建设”与上节讨论的“金融基础设施建设”，是现在中国对抗西方制裁和美国技术脱钩风险的两大支柱。这些举措将会逐渐扭转中国在以西方为中心的国际秩序中相对被动的局面。

第三章

制裁的潜规则

正如我们看到的，很多制裁并不是“正义神圣”的。制裁的底层逻辑和规则到底是什么呢？这一章，我们来深挖一下制裁的底细。

联合国大会是小国之救命稻草

联合国共有 193 个成员国，其中绝大多数是小国，对于联合国大会形成的决议，每个国家均有一个投票权。然而，联合国大会决议听起来很权威，其实常常是一纸空文。真正有权决定制裁的是安全理事会，由 15 个国家组成，其中，中、美、英、俄、法作为常任理事国，有一票否决权，其他 10 个国家通过分区选举产生，任期 2 年。根据《联合国宪章》第七章第 39 条和第 41 条规定，当世界和平遭到威胁、破坏或发生侵略行为时，安理会可采取非武力制裁和军事手段，以维持或恢复世界和平及安全。

制裁决议由安理会作出，有强制执行力。执行、更改、中止直至终止制裁也由安理会决定。安理会决议的通过，需要符合两个条件：多数票赞成，常任理事国无一投反对票。

从历史上看，被制裁者通常是小国，学者 Hufbauer、Schott 和 Elliott 2008 年的研究调查了自 1914 年以来安理会实施的 115 起经济制裁案例，在大多数情况下，实施方的国民生产总值（GNP）是目标方的 50 倍以上。不仅如此，安理会常任理事国还经常绕过联合国，使用自发性（autonomous）、单边（unilateral）制裁，凭借其经济实力和联动优势，制裁小国或发展中国家。小国的唯一优势是“国数”，可通过联合国大会投票，提出关于制裁的“原则性”倡议。多个小国在联合国大会上已经多次发起并通过了反对滥用制裁的决议，试图保护自身利益。但联合国大会的决议除了关于联合国自身的议题，其他的均无约束力。

2018 年 11 月，联合国大会通过了谴责禁运的最新决议，名义上针对古巴禁运，实际上用了很大的篇幅谴责单方面制裁，尤其是二级制裁。决议呼吁所有国家避免采取单方面强制性措施，谴责某些国家的域外管辖影响了其他国家主权的实施、其所辖范围内法人的合法利益，以及他们的贸易和航行自由。美国是二级制裁和域外管辖的主要发起国，这项决议剑指美国。

这个决议有 189 个国家赞成，只有两个国家反对，没有一个国家弃权。反对的两个国家，一个是美国，另一个是以色列。对以色列来说，有伊朗“死敌”当前，一边是美国“大哥”，即使激起众怒，也要表态支持美国。

2018 年这个决议的通过，是在制裁问题上特朗普领导的美国与全世界几乎所有国家意志相左的一次集中体现。恐怕这是美国与以色列第一次在联合国大会上站在其他所有成员国的对立面。美国在这个决议中被如此孤立，跟特朗普执政下美国利益优先的自我孤立主义、不尊重国际契约有很大关系。

事实上，从 1965 年开始，美苏冷战置联合国安理会于“形同虚设”之时，单边制裁就激起了广泛反抗。

事实上，从 1965 年开始，美苏冷战置联合国安理会于“形同虚设”之时，单边制裁就激起了广泛反抗。下面是联合国大会通过的几个类似决议，集中控诉经济胁迫手段。[1]

——1965 年，《关于不得干涉国家内政及保护独立和主权的宣言》：任何国家不得使用或鼓励经济、政治或其他手段，来胁迫另一国，将之置于“主权从属”地位，或从该国获利。

——1984 年，《发达国家使用政治经济手段对发展中国家实施高压政策》：敦促国际社会采取紧急措

〔1〕 Paul Szasz, “The Law of Economic Sanctions”, http://digital-commons.usnwc.edu/cgi/viewcontent.cgi?article=1602&context=ils.

施，消除发达国家使用的某些与《联合国宪章》原则不符的单方面强制性经济手段。

——1996 年，《杜绝使用强制性经济措施来施行政治和经济压迫》。

——1997 年，《针对发展中国家的单方面经济措施作为政治和政治手段的决议》。该决议确立了一个基本原则 ——“多边贸易体系的基本原则”，试图用此原则来约束发达国家的单边制裁行为。联合国秘书处于 1997 年召集了一个特设调研专家组，汇集了世界法律和公共事务领域的顶尖专家，其调研结果是：强制性经济措施违背了许多国际法中阐述的、以国际会议通过的宣言为后盾的《联合国宪章》所规定的“国际法基本原则”。

然而，国际法中并没有已经建立的“习惯法准则（customary law）”明确反对使用经济制裁，即使经济制裁是对另一个国家/地区的干预；而国际法院的相关案例也表明，经济制裁并不一定违反习惯法中的不干涉原则。[1]

例如，尼加拉瓜曾就美国的一系列经济限制措

〔1〕 Paul Szasz，“The Law of Economic Sanctions”，http：//digital-commons. usnwc. edu/cgi/viewcontent. cgi？ article=1602&context=ils.

施，包括停止经济援助、食糖配额进口减少90%并最终实行贸易禁运等，将美国告上国际法院。尼加拉瓜认为，这些行为加在一起，系统性地违反了不干涉原则。然而，国际法院得出的结论是："无法认定这种经济领域的行为违反了不干涉的习惯法原则。"[1] 理由是，一国没有义务与另一国保持特定的经济关系，有限制或中断贸易关系的自由。国际法院指出："在没有条约承诺或其他特定法律义务的情况下，国家之间不须维持特定贸易关系。"这里提到的条约包括《关贸总协定》（WTO 的前身）或其他 WTO 认可的协议、区域性自由贸易协议、友谊、贸易和通航条约或双边投资条约等。[2]

最关键的一点是，代表所有联合国成员的联合国大会通过的这些决议只有政治影响力，并没有法律约束力。尽管大会的谴责性决议可以传达一些象征性的信息，反复谴责可能会积累一定声势，但是在法律上却没有约束力。28 年来，联合国大会几乎每年都会通过决议要求美国停止对古巴的制裁，但是从来都没有产生实质性影响。

---

〔1〕 Eric A. Posner, "The Decline of the Interhational Court of Justice".

〔2〕 http://legal.un.org/ilc/texts/instruments/english/commentaries/9_11_2011.pdf.

联合国制裁的执行由谁说了算

联合国安理会决议虽然具有法定约束力（legally binding），但在执行时也存在问题，比如执行缺乏有效的监督制度和资源，其决议容易受大国政治左右，通常饱受争议，因此最终执行往往由单个国家说了算。

目前，联合国有14个正在实施的制裁决议，每个制裁决议由一个制裁委员会管理，制裁委员会由安理会中的非常任理事国主持，以形成一定的平衡机制。然而，这些委员会位于纽约的联合国总部，远离需要监督的行为体，因此在监督和发表关键性建议时难免力不从心。以上挑战促使安理会建立了第二级监督机构，称为“专家小组”，现有10个[1]。然而，当制裁发展到聪明制裁（定向制裁），尤其是金融制裁，需要特别的系统性技术设备和大量的调查人员，

〔1〕 https：//www. un. org/securitycouncil/sanctions/information.

很多时候还不得不“仰仗”最接近客户的各地银行，资源少、人员少的联合国监督机制的执行力就显得更加薄弱。有研究者认为，联合国制裁遭遇了严重的“缺席”和“叛逃”，集体安全成为一个神话。[1]

联合国安理会决议产生的制裁是集体行为，但是最后需要落实到单个国家。目前有两种主要方法：一是通过专项立法，转化为国内法律，通常采用所谓的“联合国授权法”的形式；二是将决议中的条款一个一个地转换为法律，虽然更具灵活性，但在转化和执行时，标准不一，已被证明更加耗时。[2]

例如，在实施制裁时如何定义“奢侈品”？哪些商品构成“奢侈品”？对于美国来说，这意味着对“奢侈品”这个词进行简单的谷歌搜索；在没有精确定义或识别信息的情况下，采用越来越复杂的措施是导致执行力更加低效的一个原因。[3]

由于联合国制裁监督机制的资源不够，制裁的真正控制权掌握在单个国家手里，而能体现联合国权威的，实际上是单个国家或由数量有限的国家构成的组

---

〔1〕 Paul Szasz, “The Law of Economic Sanctions”, https：//digital-commons. usnwc. edu/cgi/viewcontent. cgi？ article=1602& context=ils.

〔2〕 https：//onlinelibrary. wiley. com/doi/abs/10. 1111/aepr. 12258.

〔3〕 https：//cadmus. eui. eu/bitstream/handle/1814/14437/International_ Journal_ Portela. pdf.

织如欧盟对于“违反规范”和“适当报复”行动的“自我判断”——如果这些判断得到地区性支持，则享有某种有限的权威地位。[1] 自然，一个地区被视为权威的判断在另一个地区则可能被认为是无稽之谈。

更重要的是，对于如何看待和解决国际问题，东方国家与西方国家、发展中国家与发达国家之间存在很大的分歧。因此毫不奇怪，戳爆制裁的情况很多，大大小小的国家都不例外；有的常任理事国违反联合国制裁，并利用其“一票否决权”推翻了其他国家试图惩罚自己的动议。

更重要的是，对于如何看待和解决国际问题，东方国家与西方国家、发展中国家与发达国家之间存在很大的分歧。

〔1〕 https://core.ac.uk/download/pdf/214080611.pdf.

联合国制裁的法理依据及边界

联合国有权实施制裁，其法理依据争议性相对较少。正如联合国国际法委员会（ILC）在其《国际组织责任条款草案》（Draft Articles on the Responsibility of International Organizations）中所确认的那样，各国可以在“彼此同意”的前提下，建立一个“有权对成员国施加制裁”的组织。[1] 安理会就是一个拥有普遍会员制组织的执行机构，毫无疑问，它拥有对成员国的国家、这些国家中的集团或个人采取约束性行动的特权。《维也纳条约法公约》（Vienna Convention on the Law of Treaties）规定，任何国际条约在建立之时，得到了成员国的应许，这意味着任何成员国都将“让渡一部分国家主权”，以遵守这个条约。

不难理解，维护世界和平是制裁的首要目的，《联合国宪章》指出，在世界和平遭到威胁、破坏或

〔1〕 https：//legal. un. org/ilc/texts/instruments/english/commentaries/9_11_2011. pdf.

发生侵略行为时，联合国有权采取强制措施。

安理会根据《联合国宪章》第七章采取制裁措施，被制裁的行为不必先违反国际法——只需要被认定是“和平之威胁”“和平之破坏”及“侵略行为”(act of aggression)，或《联合国宪章》第39条所指的“侵略行为”。[1]以对大规模杀伤性武器扩散的制裁为例，安理会若认定这种事态发展对和平构成威胁，则可以采取经济制裁。[2] 从已通过的安理会决议来看，伊朗显然被认定为威胁，以色列则没有——很明显，这跟某些伊斯兰国家及其联盟的看法恰恰相反，且不可调和。

什么是“侵略行为”呢？在成文法中缺乏明确可行的标准，最后就是由安理会成员国投票说了算。这样，联合国制裁在某种程度上无疑也是常任理事国国家利益、国内情绪的反映。一位马来西亚代表在1997年联合国大会辩论中说：“我们感到遗憾的是，安理会的某些成员利用制裁作为实现其狭隘国家利益的工具，以服务于其特定的政治目标或议程。”[3]

制度化和透明性可以防止滥用权力。

制度化和透明性可以防止滥用权力。为了避免安

〔1〕 Eric A. Posner, “The Declive of the International Court of Justice”.

〔2〕 同上。

〔3〕 https://archive.globalpolicy.org/component/content/article/202-sanctions/41612-sanctions-an-analysis.html.

理会被某个或某些大国滥用，多个成员国和特定委员会多次提出，联合国制裁需要明确目标——寻求行为的改变，而非惩罚和报复；在程序上要求对被制裁行为进行监控，并明确列出解除制裁的条件。在多方力量的博弈下，这些年联合国制裁在程序设置、可预期性和透明性上有了改善。

下面讲几个联合国制裁程序和管辖边界被挑战的例子。

2001 年，根据联合国安理会第 1267 号决议，3 名瑞典公民被列入制裁名单，其银行账户被冻结，未来的金融活动被禁止。瑞典政府不认同，要求安理会取消对他们的制裁。当时，尽管银行按照联合国制裁名单、欧盟制裁名单对这 3 名瑞典人的账户建立了财务控制，但瑞典政府仍然继续通过银行向这 3 个人支付了社会福利金，并认为其所为符合瑞典法律。同时，瑞典政府要求美国提供证据，以证明这 3 人与恐怖主义有联系。然而，美国在 2001 年 12 月公开提供的材料中根本不能证实其指控。于是，瑞典向联合国制裁委员会提出申请，要求将 3 人从名单上去除，但遭到英美俄阻止。次年，瑞典政府与美国双边谈判取得进展，并争取到其他国家的支持，3 名瑞典人才被“除名”。

通过此事件，瑞典政府推进了联合国“取消制裁名单”的程序建设，并要求制裁委员会公布其除名程序，于是制裁委员会在工作指南中正式确定了该程序，并于2002年11月发布。3名瑞典公民的遭遇引发了瑞典国民对安理会制裁合法性的讨论，“联合国的可信度在一定程度上受到质疑”。[1]

另外一个具有里程碑意义的事件是“Kadi诉欧盟制裁条例”一案。虽然安理会决议的合法性来源少有争议，但是其决议规定的责任有时会与成员国公民的基本权利和自由发生冲突。Kadi一案涉及安理会第1267决议的制裁在欧盟层面的实施。

2001年12月，Kadi和Al Barakaat（一家国际基金会）向欧洲初审法院（CFI）提起诉讼，要求废止将他们纳入制裁名单的欧盟第467/2001号理事会条例，这是欧盟根据安理会决议而制定的条例。

Kadi和Al Barakaa辩称，欧盟理事会缺乏通过该条例的权限，并且，该条例侵犯了他们的几项基本权利——财产权、申辩权，以及其他正当权利。2005年9月21日，欧洲初审法院驳回了Kadi和Al Barakaat的所有诉求，并支持了881/2002法规的有效性。

---

〔1〕 http://aei.pitt.edu/8060/1/vlcek-w-09h.pdf.

其裁定是，法院对安理会决议没有审查权，对条例进行审查，就等于间接地审查安理会决议。[1]

这个裁决没有停止 Kadi 和 Al Barakaat 的抗争。他们于 2005 年 11 月提出上诉，其主要抗辩点如下：

——该法规在欧盟法律体系中缺乏法律依据；

——该法规直接损害个人权利，其规定的个人制裁没有普遍适用性，违反了欧盟条约第 294 条规定的"普遍适用性"要求；

——该法规侵犯了他们的基本权利。

事态就此反转。与欧洲初审法院相反，欧洲法院认为，其完全有权审查具体执行安理会决议的欧盟行为[2]："欧盟司法必须确保，根据欧盟法律，原则上应当全面审查所有欧盟行为的合法性……包括审查据安理会制裁所制定的（欧盟）具体措施"。这是欧盟法院首次确认其有权审查联合国安理会决议在欧盟层面执行措施的合法性。但同时欧洲法院认为，"无权审查国际机构决议的合法性……因此不会对该决议在国际上的首要地位提出任何挑战"。

于是，在承认安理会决议适用性的前提下，欧洲

---

〔1〕 https：//www. asil. org/insights/volume/12/issue/22/kadi-al-barakaat-v-council-eu-ec-commission-european-court-justice.

〔2〕 同上。

法院驳回了上诉人的前两项要求，但支持了第 3 项要求。欧洲法院认为：这个有争议的欧盟层面的制裁条例没有建立正当程序，以证明将上诉人列入名单的合法性，而欧盟理事会也从未出示和告知上诉人，有哪些证据表明“将他们列入名单”这一举措是合理的。这导致了上诉人无法在欧洲法院捍卫自己的权利，因此也侵犯了上诉人获得有效法律救济的权利。冻结资金也“构成对 Kadi 财产权利的不合理限制”。因此，欧洲法院判决该制裁条例无效。[1]

据法律人士 Dr. Miša Zgonec-Rozej 分析，如果欧盟理事会据此改变相关制裁的具体制度，原则上可能与联合国安理会现有规定相悖。[2] 这是一个尴尬境地——如果遵循欧盟原则，就会违反安理会要求的国际义务。他认为，与其眼睁睁看着欧盟不遵守决议、破坏安理会的权威性，不如让安理会考虑必要的改进。另有研究者认为，欧盟执行联合国制裁决议的措施主要是考虑对“以联合国为中心的有效多边主义”的承诺，然而，欧洲法院对 Kadi 的里程碑式裁决将人权置于多边主义之上，令欧盟在其“对多边主义的承诺”

〔1〕 https://www.asil.org/insights/volume/12/issue/22/kadi-al-barakaat-v-council-eu-ec-commission-european-court-justice.

〔2〕 同上。

和“对人权的承诺”之间左右为难，因此，只有在联合国制裁制度符合欧盟人权标准的情况下，才能完全调和。[1]

从联合国制裁的公开原则到实际执行的规则之间，有着明显的可变通空间。

从这个案例可以看出，即使从西方法律的法理和程序的内在逻辑来看，联合国制裁与其他重要价值也存在难以调和的冲突。从联合国制裁的公开原则到实际执行的规则之间，有着明显的可变通空间。因此，单个国家和不同国家联盟对安理会制裁决议的处置情况并不一样。事实上，截至 2009 年 10 月，世界各地针对安理会第 1267 决议的制裁提出了 30 多项法律挑战，巴基斯坦和土耳其的法院都作出了有利于原告的裁决。[2]

---

〔1〕 https://journals.sagepub.com/doi/full/10.1177/0010836712462789.

〔2〕 http://aei.pitt.edu/8060/1/vlcek-w-09h.pdf.

自发性制裁极具争议性

自发性制裁没有天然合法性

自发性多边制裁没有天然合法性，等同于单边制裁。

除由联合国安理会实施的制裁和经联合国授权由其他国际组织实施的集体制裁外，任何组织实施的制裁都是自发性制裁。有一个普遍的误解是，多边制裁如欧盟制裁不是自发性制裁。实际上，欧盟制裁虽然是多边制裁，但通常也是自发性的。自发性制裁与联合国制裁有一大区别——联合国制裁最大的合法性来源是自愿形成的组织对成员国的约束，[1] 而欧盟制裁的对象通常是没有义务遵守欧盟管制的非欧盟国

除由联合国安理会实施的制裁和经联合国授权由其他国际组织实施的集体制裁外，任何组织实施的制裁都是自发性制裁。

〔1〕 https://legal.un.org/ilc/texts/instruments/english/commentaries/9_11_2011.pdf.

家。作为一个多边组织，欧盟制裁非欧盟成员国并不比其他单边制裁更具合法性。

自 2017 年起，海湾合作委员会（Gulf Cooperation Council）6 国中的 4 国——沙特阿拉伯、巴林、阿联酋和埃及以卡塔尔“支持恐怖主义”为由，集体与之断绝外交关系，并实施了联合贸易禁运。这 4 个国家声称卡塔尔未能遵守其在海湾合作委员会 2013/2014 年签署的《利雅得协议》中作出的承诺。《利雅得协议》规定“不得向各国境内及埃及、也门的反对派组织提供资金或政治支持”。他们对卡塔尔与伊朗走近也十分不满。

断交风波后，卡塔尔与外国接壤的唯一陆运站被封锁，挂着卡塔尔国旗的货船被邻国港口禁止停靠，波斯湾地区的机场也拒绝卡塔尔飞机过境停留。作为结束禁运的条件，这些国家向卡塔尔提出了 13 项要求——包括关闭半岛电视台和卡塔尔资助的其他新闻媒体、中断与伊朗的外交联系、关闭土耳其在卡塔尔的军事基地、结束对其他国家内政的干涉。4 国随后开始他们的“制裁宣传计划”，寻求美国及欧洲、东亚和其他地区的支持。随后少数几个国家也加入了这

4个国家的制裁计划，但总的来说，4国是孤军奋战。[1]

对此，卡塔尔声称，不会同意“放弃”其主权，有关国家的“封锁”违反了国际法。并且，卡塔尔迅速与伊朗和土耳其建立了新的贸易路线，以确保满足其270万人口的基本需求，并利用其石油和天然气资源来支撑其经济。海湾合作委员会中没有与卡塔尔断交的科威特在争端中担任调解角色。同时，卡塔尔在世界贸易组织（WTO）、联合国消除种族歧视委员会（CERD）、国际民航组织（ICAO）和国际法院（ICJ）等国际机构中对制裁作出回击。卡塔尔还在2019年年初宣布退出石油输出国组织（OPEC）。

据悉，在WTO，卡塔尔指责沙特阿拉伯未能保护卡塔尔经济实体的知识产权。WTO专家组的认定报告同意这一判断。[2] 沙特阿拉伯只得与WTO上诉机构接洽。在消除种族歧视委员会的诉讼程序中，委员会就管辖权和“可受理性”作出了历史性决定，并任命了一个“特设调解委员会”来解决争端。卡塔尔

〔1〕 https：//www.energypolicy.columbia.edu/sites/default/files/file-uploads/Qatari-Sanctions_CGEP_Report_102220.pdf.

〔2〕 https：//www.loc.gov/item/global-legal-monitor/2021-02-17/international-united-nations-welcomes-loosening-of-sanctions-in-gulf-region/.

还在2018年就涉嫌违反《消除种族歧视公约》在国际法院对阿联酋提起诉讼，并成功立案。在提交给国际民航组织的诉讼中，卡塔尔声称，各国根据《国际民用航空公约》（又称“芝加哥公约”，1944年）和《国际航班过境协定》承诺空中封锁为非法行为。随后4国于2018年在国际法院对国际民航组织的“管辖权”提出质疑，但于2020年7月被驳回上诉，国际法院裁定国际民航组织对该争端具有管辖权。但国际民航组织尚未就空中封锁的合法性作出裁定。

除了上述国际争端解决机制外，包括卡塔尔航空公司和BeIN传媒集团（由半岛电视台拥有的卡塔尔媒体公司）在内的多家卡塔尔公司已针对这4个国家提起了国际仲裁，索赔至少50亿美元。

联合国“单方面强制措施和人权问题特别报告员”阿莱娜·杜汉敦促阿联酋、巴林和埃及也取消对卡塔尔的制裁，并欢迎卡塔尔应邀参加2021年1月5日举行的海湾合作委员会国家元首峰会。[1] 阿莱娜·杜汉还呼吁封锁国家“立即撤销所有旨在限制言论自由、行动自由和限制财产的制裁措施、贸易壁

---

〔1〕 https：//www.loc.gov/item/global-legal-monitor/2021-02-17/international-united-nations-welcomes-loosening-of-sanctions-in-gulf-region/.

垒，并禁止对居住在卡塔尔的居民实施违反国际法律标准的关税、配额、非关税措施……”，认为“如果对享有基本人权产生重大不利和不成比例的影响”，任何单方面措施都是非法的。

显然，阿莱娜·杜汉认为4国联盟发起的多边制裁本质上与缺乏合法性的单方面制裁没什么两样。

到2020年年底，4国提出的13条要求几乎没有一条被满足，卡塔尔和伊朗、土耳其的关系反而更加紧密。更重要的是，卡塔尔的经济发展强劲——在危机开始3年多后，其经济指标都指向正面，国际货币基金组织认为卡塔尔经济结构良好。[1] 卡塔尔并没有要让步的意思。2021年年初，在联合国、美国和其他中间国家的调停之下，4国陆续解除了对卡塔尔的贸易制裁。这是个彻底失败的制裁，从一开始就师出无名。

---

〔1〕 https://www.energypolicy.columbia.edu/sites/default/files/file-uploads/Qatari-Sanctions_CGEP_Report_102220.pdf.

反制、必要性、对称性及国家安全

允许遭受直接或间接利益损害的国家进行报复和反制，这被视为“国际法不完善”状态下，主权国家之上没有“法院［或］中央权力机构”的必然结果。

基于反制、必要性、对称性及国家安全而实施制裁，是自发性制裁合法性的主要来源。对此，国际法学者的共识是，一国的不法行为可能导致其受害国采取反制措施。允许遭受直接或间接利益损害的国家进行报复和反制，这被视为“国际法不完善”状态下，主权国家之上没有“法院［或］中央权力机构”的必然结果。[1]

联合国国际法委员会（ILC，International Law Commission）的《国家对国际不法行为的责任条款草案》（DARSIWA）列出了对受害国实施反制措施权利的限制及条件，包括：

——责任国必须实施了在先国际不法行为（international wrongful acts）；

——制裁国必须确定自己为受害国，受害国只能对为不法行为负责的国家采取反措施，并对国际不法

〔1〕 Eric A. Posner，“The Decline of the International Court of Justice”.

行为的判断自担风险；[1]

——反制措施的目的不在于惩罚，而是促使责任国履行其相应义务；

——反制措施必须与遭受的伤害相称；

——反制措施不影响基本人权规范或法规；其中包括保障责任国实行正当程序的权利；

——责任国停止不法行为后，反制措施必须立即终止。[2]

这些原则很有道理，但缺乏可操作性，在具体问题上很难找到认定依据。问题主要在于，什么是“不法行为”和“受害状态”要由有关国家自行判断，并自担风险。克林顿总统曾将缅甸军政府的行为描述为“对美国国家安全和外交政策非同寻常的威胁”[3]。对于缅甸军政府的行动怎么就对美国安全构成了“非同寻常的威胁”，美国政府语焉不详。

问题主要在于，什么是“不法行为”和“受害状态”要由有关国家自行判断，并自担风险。

法学者 Devika Hovell 认为：“合法和非法的自发性制裁之间，横着一个‘目的’的分野。前者起到了纠正作用，促使不法行为的国家重新遵守条约或国

〔1〕 SSRN-embargoes and sanctions are not regulated by international law. pdf.

〔2〕 https://legal. un. org/ilc/texts/instruments/english/draft _ articles/9 _ 6 _ 2001. pdf.

〔3〕 Eric A. Posner, “The Decline of the International Court of Justice”.

合法和非法的自发性制裁之间，横着一个‘目的’的分野。前者起到了纠正作用，促使不法行为的国家重新遵守条约或国际法义务。

际法义务。制裁不应从‘引导责任国履行其法律义务’堕落到‘强迫国家履行国际法未要求之责’，尤其是将一方的价值强加给另一方……制裁需要有智慧，以引导受制裁方遵守国际原则。但是，这种智慧所要求的合理界限，须各国达成一致。当然，现实是，各国无法达成一致。”[1]

Devika Hovell 的上述观点与法学界的共识一致，即作为国际法的基本原则，制裁需要通过“必要性”和“相称性”检验，二者均以经验为前提。[2] 对于必要性来说，反制措施只有在能够“引导责任国履行其法律义务”时，才有必要性，否则站不住脚。遗憾的是，有研究使用统计模型发现，大多数情况下，当制裁目的是“改善人权状况”时，经济制裁不但没有通过法律“必要性”的检验，相反，导致了人权状况的恶化。[3]

“相称性”也极具争议性，历史上有多个纠纷曾被提出国际仲裁。国际法院对加布科沃-纳吉马罗斯

〔1〕 https：//www.cambridge.org/core/services/aop-cambridge-core/content/view/85AFD5B0732D18F2B35D7FC25146CB07/S2398772319000205a.pdf/div-class-title-unfinished-business-of-international-law-the-questionable-legality-of-autonomous-sanctions-div.pdf.

〔2〕 https：//www.econstor.eu/bitstream/10419/178615/1/ile-wp-2018-12.pdf.

〔3〕 同上。

(Gabcikovo-Nagymaros)案件的裁定是：捷克斯洛伐克"单方面控制多瑙河大部分水域"的措施，与之前匈牙利"暂停其所拥有的建筑工程"的行为不相称，实为过度报复。在美法航空纠纷中，仲裁庭认为：美国"禁止某些航班飞往纽约"，与法国"禁止泛美航空公司乘客在巴黎下机"这两个措施并不相称，[1] 也属于过度报复。

《关贸总协定》作为经常被一些成员用来谴责经济制裁的依据，原则上禁止成员之间使用"高压性"经济措施。但是该协定第21条将成员为"保护国家安全利益"采取的措施视为例外，认定在"战时"或"国际紧急情况"时，采取的"必要"措施将不受其管辖。问题是，对于什么是"国际紧急情况"，国际法中也未有定论。[2] WTO专家小组也尚未达成共识，成员们各行其是，大量自发性制裁屡见不鲜。即使经WTO专家小组判定为违法行为，实施制裁的国家也并不一定会受到惩罚。

特朗普政府期间，美国针对所谓的"中国不公平贸易行为"启动了"301调查"，2018年又引用其国

〔1〕 SSRN-embargoes and sanctions are not regulated by interntional law. pdf.

〔2〕 Eric A. Posner, "The Decline of the International Court of Justice".

内法对中国加征高额关税。

2020 年 9 月，经世贸组织专家小组裁定，该行为违反了 WTO 成员关税对等的规定，属“违法”行为。对此，当时的美国贸易代表莱特希泽对 WTO 的合法性进行了诋毁，美方随即提起上诉。

2021 年摩洛哥对西班牙动用了一个新型反制方式——放松对边界的管控，从而导致聚集在摩方一侧的难民涌向西班牙。西班牙政府指责摩洛哥此举是对西班牙接纳西撒哈拉人民解放阵线领导人加利在西班牙接受新冠肺炎治疗的报复。西撒哈拉人民解放阵线一直在争取西撒哈拉独立。西撒哈拉在 1975 年前曾是西班牙的殖民地，现在由摩洛哥控制大部分领土。

据报道，摩洛哥放松与位于北非海岸的西班牙小城市休达的边界管控，导致 12,000 名难民涌入休达。休达不得不给蜂拥而来的难民分发食物、饮用水、帐篷等物资。移民的持续涌入让休达疲于应付，扰乱了城市的正常运转。

随后欧盟领导人敦促摩洛哥加强边界管控，提醒欧盟邻国和难民外流国家“需要知道难民问题是我们伙伴关系和国家关系的核心内容……西班牙的边界就是欧盟的边界，休达的问题就是欧盟的问题。休达难民危机被提升至欧盟层面，欧盟理事会谴责摩洛哥

“为政治目的而利用难民”，尤其是未成年人。但是这样的谴责没有任何实际效力。

2021年6月，西班牙外交部承认，这场外交危机迫使两国更加坦率地探讨西撒哈拉问题和休达问题(摩洛哥政府一直声索对休达的主权)。国际社会的压力也迫使摩洛哥加强了对休达边界的管控，摩洛哥皇家宪兵队在Tarajal海滩附近的沿海地区安装了新的带刺铁丝网。休达难民危机敲响了警钟，对防止类似事件再次发生起到了一定的作用。

基于反制、必要性、相称性和国家安全的制裁没有系统涵盖基于所谓“人权”和“民主”的制裁，而后者的合法性争议更大。

人权与民主

《关贸总协定》第20条规定了涉及“人权”方面的例外情况——在下列情况下，缔约方之间的极限经济施压行为不受管制：

——关乎公共道德的例外情况：可包括奴役、种族歧视、性别歧视、妨碍言论自由、妨碍集会自由、妨碍宗教自由以及可能的民主。

——关乎人类生命的例外情况：可以理解为危害人类罪、种族灭绝、即决处决和失踪。

——关乎监狱劳动产品的例外情况：包括允许监狱产品进入市场、强迫劳动、使用童工。

关贸总协定在人权问题上为国际制裁放行，把"种族歧视、性别歧视、妨碍言论自由、妨碍集会自由、妨碍宗教自由以及可能的民主"的情况视为制裁的合法性来源，反映的是该组织在建立之初由西方价值主导的历史。随着新兴经济体力量日趋强大，包括此类标准在内的西方价值正在受到全方位的挑战。一个备受批评的问题是，这个主张有一个内在的"人权等级"，即个人自由和政治权利比国家稳定和全体公民的集体权利更重要。[1] 然而，具有讽刺意味的是，即使在美国，堕胎和同性恋歧视问题表明，在一个国家内部什么是人权也无法统一。[2]

退一步说，去除所有的细枝末节，即使"什么是基本人权"在西方国家有统一认识，使用制裁来维护这些"人权"，很多时候也是徒劳的。

我们来看看美国近年以人权、民主问题为由制裁

---

〔1〕 https：//ir. lawnet. fordham. edu/cgi/viewcontent. cgi?article = 1596&context = ilj&source = post_elevate_sequence_page.

〔2〕 同上。

委内瑞拉的来龙去脉和实际效果。委内瑞拉对美国来说具有重要的战略性意义，距离迈阿密只有 2200 余公里，曾是美国的友好邻邦，是世界上探明石油储量最大的国家之一，为美国提供石油，同时也向美国走私毒品，自 2005 年起委内瑞拉的贩毒团伙和腐败官员就陆续受到美国制裁。美国成为最大的原油净出口国以后，对委内瑞拉的石油依赖减少，但由于其地理位置的重要性，美国一直把委内瑞拉视为一个外交重点。美国的近邻古巴与苏联的紧密关系曾让美国极为恼怒，导致冷战时期世界核大战一触即发；而家门口的委内瑞拉国内政治大幅左转，无疑成为美国政府的一块心病。

2013 年委内瑞拉总统查韦斯去世后，副总统马杜罗继任总统，并在 2018 年竞选连任时高票当选。但是，该选举被国内反对派和多个国家指责为暴力和操纵下的结果。马杜罗的反对者引用 1999 年宪法第 223 条规定——“总统不在位期间，由国民议会主席任临时总统”——把当时的国民议会主席、35 岁的瓜伊多视为临时总统。欧盟发言人说，该选举没有满足公平选举的最低国际标准。巴西和哥伦比亚等 11 个中南美洲国家也发表声明，认为该选举不具有合法性。随后，欧盟、部分南美国家以及美国、日本、韩国等 50 多个国家承认瓜伊多为委内瑞拉总统。[1]

俄罗斯和中国对此表示反对，认为这是西方国家在干涉委内瑞拉的内政。支持马杜罗政府的还包括玻利维亚、古巴和土耳其。由于大国之间的利益冲突和分歧，联合国不承认瓜伊多的临时总统地位。

西方国家不承认马杜罗的总统地位，有什么实质性意义呢？主要是将委内瑞拉的外交渠道、对海外资产的控制权力从马杜罗手上剥夺，交予瓜伊多。这就意味着，瓜伊多不仅得到西方认可，也得到委内瑞拉在西方国家拥有的大量海外资产的支配权，有助于他继续推动反对派运动。美国国务部在宣布承认瓜伊多后 48 小时之内，就把委内瑞拉在美联储下设账户的控制权转给了瓜伊多，英国则很快拒绝了马杜罗调取委内瑞拉外汇储备的要求。

不仅如此，美国自 2017 年开始，就引用 2014 年 12 月奥巴马签署的《委内瑞拉人权和民间社会保护法（2014）》（Venezuela Defense of Human Rights and Civil Society Act of 2014），针对委内瑞拉政府“侵犯人权”和“反民主”的行为进行制裁。2018 年，特

〔1〕 https：//share. america. gov/support－for－venezuelas－juan－guaido－grows－info-graphic/.

朗普签发行政令制裁委内瑞拉的石油、采矿业等行业或经济部门——类似于对俄罗斯的行业性制裁，还制裁了与马杜罗政府进行“腐败性交易”的个人和实体。大约 26 人被这个行政令制裁，包括所谓的货币操纵者、帮助马杜罗政府和委内瑞拉石油公司逃避制裁者（包括一家俄罗斯银行），以及从美国援助项目中“贪污”了上百万美元的人。在美国的极限施压下，马杜罗政府彻底放弃对美国的幻想，发行加密币“石油币”（Petro），以打破美国的金融封锁。但由于特朗普旋即发布行政令制止任何和石油币有关的交易，加之委内瑞拉国内政局动荡、经济困难，石油币项目以失败告终。截至 2021 年 1 月，美国财政部制裁了 113 个委内瑞拉个人或实体，包括委内瑞拉国有石油公司、委内瑞拉中央银行、马杜罗本人及马杜罗政府。[1]

美国制裁对委内瑞拉的经济造成多大伤害呢？

对比 2014 年到 2020 年的数据可以发现，委内瑞拉经济状况的恶化程度令人震惊。自 2014 年国际石油价格大跌以来，委内瑞拉经济结构失衡等问题暴露无遗。委内瑞拉政府 90%的收入来自石油，因此油价

---

〔1〕 https：//crsreports. congress. gov.

大跌必定对其财政造成沉重打击。委内瑞拉政府对私营企业进行了广泛的征收和国有化，实施了价格和货币管制，并大量举债，[1] 加上美国制裁，即使后来全球油价反弹，委内瑞拉经济也没有复苏。自 2014 年到 2020 年，委内瑞拉经济收缩了 75% 以上，是战后规模最大的一次经济衰退，是美国大萧条的两倍多；大部分消费品进口下降了近 95%，大约 96% 的人口生活在贫困中；年均财政赤字率（财政预算赤字占国内生产总值的比重）为 20%，政府债务违约，而政府进一步将其财政赤字货币化（中央银行通过发行货币的方式为财政融资，结果导致货币供给量增加），导致恶性通货膨胀，并造成外汇短缺。[2]

据悉，由于缺乏药物和治疗，超过 30 万委内瑞拉人生命处于危险之中；自 2017 年以来，估计有 8 万名 HIV 阳性患者没有接受抗逆转录病毒治疗；数以百万计的人无法获得透析和癌症治疗或高血压和糖尿病治疗；在国外等待骨髓移植的白血病儿童现在正在死亡，此类健康援助计划的资金来自委内瑞拉国有

〔1〕 https：//www.csis.org/analysis/why-venezuela-should-be-us-foreign-policy-priority.

〔2〕 同上。

石油公司，但这些资金已被冻结。[1]

在委内瑞拉经济大幅下行的曲线中，美国制裁到底产生了多大影响呢？这实际上是很不容易搞清楚的难题，因为反事实（counterfactual，如果没有美国制裁则会发生什么）很难估计。下面是一家智库的研究数据：2016 年，委内瑞拉的食品进口量比 2013 年的峰值下降了 71%。2013 年至 2016 年，药品和医疗设备的进口量下降了 68%。在摄取热量方面，2017 年 8 月，收入最低的委内瑞拉家庭每天最多只能负担 6132 卡路里的最便宜可用热量——相当于五口之家最低饮食需求的 56% 。婴儿死亡率是公共卫生服务质量的一个重要指标，在 2013 年至 2016 年间，委内瑞拉的婴儿死亡率增长了 44%，并且此后一直保持增长。[2] 为什么从 2013 年开始算呢？因为马杜罗是 2013 年走马上任的。

诚然，美国和其他西方国家可以争论，西方制裁不是造成委内瑞拉民不聊生和百姓流离失所的根本原因，但是西方制裁的确加剧了委内瑞拉的经济困境。

---

〔1〕 https：//www. thelancet. com/journals/lancet/article/PIIS0140-6736（19）31397-2/fulltext.

〔2〕 https：//www. brookings. edu/research/revisiting-the-evidence-impact-of-the-2017-sanctions-on-venezuela/.

一家智库发现，即使自 2014 年后石油产量下降的速度继续加快，甚至翻倍，美国的制裁也导致委内瑞拉损失了 170 亿至 310 亿美元的收入，这与美国时任总统国家安全事务助理博尔顿的估计大致相符——他认为美国制裁将导致委内瑞拉每年损失超过 110 亿美元。[1]

这家智库的报告详细说明了美国的制裁是如何影响委内瑞拉最弱势群体的。2019 年平均每月公共进口额下降了 46%（至 5 亿美元），2020 年又下降了 50%（至 2.5 亿美元），[2] 分配到社会底层的生活资源寥寥无几。由于美国的金融制裁波及面广，一些人权组织、人道主义组织和私营公司的银行账户均被冻结，合法交易无法开展。[3] 由于私人债权人不愿意也无法（由于制裁）购买委内瑞拉的新债务，马杜罗政府经常转向其主要的国际金融支持者——俄罗斯及伊朗等国。[4]

---

〔1〕 https：//www. wola. org/2020/10/new-report-us-sanctions-agravated-venezuelas-economic-crisis/.

〔2〕 https：//www. csis. org/analysis/why-venezuela-should-be-us-foreign-policy-priority.

〔3〕 https：//www. wola. org/2020/10/new-report-us-sanctions-agravated-venezuelas-economic-crisis/.

〔4〕 https：//www. csis. org/analysis/why-venezuela-should-be-us-foreign-policy-priority.

到今天来看，包括美国在内的西方国家的高压行为并没有达到其宣称的“保护人权、促进民主”的目的，最终被证明无法影响委内瑞拉的内政格局。委内瑞拉严重依赖石油收入进口食物和医疗必需品，其分配权控制在政府手里，底层民众无法改变这一局面；虽为近邻，但很多委内瑞拉人并不相信西方自由、民主和人权能改善他们的境遇。2020 年 12 月，委内瑞拉进行了国民议会选举，马杜罗的支持者掌握了议会（瓜伊多领导的反对派没有参与选举）。这次选举又被西方广泛诟病为“未能满足最基本的选举公正要求”。选举结束后，欧盟对马杜罗政府加大制裁力度，包括军事禁运，但又表示不再承认瓜伊多的临时总统地位。美国和英国等仍然认定瓜伊多为委内瑞拉的临时总统，但是瓜伊多作为反对派能发挥的作用十分有限。

这样的结果在美国国会中争论很大。有的议员认识到制裁作用有限，主张取消制裁，可是这些意见尚未引起实质性政策改变。但西方国家也曾成功地改变了一个国家的政权，那个国家就是利比亚。2011 年，代表建立民主制度的利比亚全国过渡委员会（NTC）控制了利比亚东部，卡扎菲政权控制西部。美国和其他一些国家决定正式承认 NTC 为利比亚的官方政府，赋予其外交平台以及利比亚被冻结海外资产的控制权，后来NTC推翻了卡扎菲，举行了全国性选举。但是，这个民选的政府很快倒台，利比亚的光景至今没有任何改善。

现在回到委内瑞拉问题。当西方决定制裁马杜罗政府时，赌瓜伊多会赢，但却输了，还加深了委内瑞拉的人道主义危机，促使委内瑞拉加强与中国和俄罗斯的关系。而且经一番摔打以后，西方国家在这盘棋中所处的位置反而更为被动。

一个实用型的外交政策

部分西方国家主张，单边制裁除了反制以外，还可以被视为追求某些外交政策目标的合法工具。例如，英国根据国内相关法律即可实施制裁。于是，当国际规则中的反制措施不适用时，英国认为无须为自发性制裁寻找国际法律依据；声称制裁的适用范围要比针对“国际不法行为”采取的临时和相称的反制措施更为广泛；并将制裁描述为“重要的外交政策和国家安全工具”，“可以用来迫使行为改变，通过限制获取资源来限制行为或传达明确的政治信息”。[1]

事实上，很多国家都在实施不同程度的单边制裁，包括美国、英国、加拿大、澳大利亚、法国、德国、日本、新西兰等，其间也不乏通过经济高压手段迫使他国就范的例子。《联合国宪章》禁止国家间使用武力，这无疑会导致主权国家越来越多地诉诸经济制裁等手段来解决纠纷。说到底，作为战争替代手段，任何一个制裁措施都没有绝对的正义性，有的具有相对“正义”和“合理”的出发点，有的则为千夫所指。

说到底，作为战争替代手段，任何一个制裁措施都没有绝对的正义性，有的具有相对“正义”和“合理”的出发点，有的则为千夫所指。

〔1〕 https://nottingham-repository.worktribe.com/preview/926485/White%20IYIL%20Final%20Accepted%20Version.pdf.

国际法院的角色与执行力

既然国际制裁行为存在如此大的争议性，那么有没有最终裁判呢？我们来看看联合国国际法院（International Court of Justice，ICJ）。国际法院是联合国司法机关，但是其影响力有限。有研究发现，国际法院处理过的案件数量很少，涉及制裁的案件更是没有几个。从长期来看，国际法院受理的案件在持续走低。对此下降趋势的解释，研究者认为：第一，不少国家拒绝将案件提交国际法院是因为他们认为，国际法院的法官没有公正地使用法律，而是从本国利益出发判案；第二，国际法院的法官对控制国际法院的大国之间利益冲突的现实敏感性很差（意指易被利用）。[1]

作为联合国司法机构，国际法院的判决是具有法律效力的，但主要问题在于，这些裁决缺乏有效执行

〔1〕 https：//papers. ssrn. com/sol3/papers. cfm？ abstract-id = 629341.

人，或者有能力执行的国家在某些案件中成了“被执行人”，这些结构性缺陷都让国际法院难以有大的作为。

> 主要问题在于，这些裁决缺乏有效执行人，或者有能力执行的国家在某些案件中成了“被执行人”，这些结构性缺陷都让国际法院难以有大的作为。

2018年7月，伊朗就美国退出伊核协议后重新对伊实施制裁，将其告上国际法院，指控美方所为违反了两国于1955年签署的《友好、经济关系和领事权利条约》。2018年10月，国际法院作出裁决，要求美国立即解除威胁伊朗人道主义援助和空中交通安全的制裁。美国拒绝了这一裁决。不仅如此，美国高级官员还“谴责”德黑兰对国际法院的“滥用”。随后美国国务卿蓬佩奥宣布取消与伊朗在1955年签订的有关条约。紧接着，总统国家安全事务助理博尔顿宣布，美国将放弃联合国《维也纳外交关系公约》中涉及国际法院管辖问题的《强制解决争端之任择议定书》，主因是巴勒斯坦9月要求国际法院裁定美国把驻以色列大使馆迁至耶路撒冷为非法行为。

如何帮助因制裁而受到伤害的第三国

任何制裁，尤其是综合性制裁，都会导致无辜的、毫不相干的第三国利益受损。例如，1990 年，当联合国制裁伊拉克时，与伊拉克有长期重要贸易往来的周边 21 个国家因遭受重大损失而要求赔偿。要求赔偿的国家不仅包括叙利亚、也门、约旦等邻国，还包括欧洲和东亚的一些国家。[1]

2018 年美国退出伊核协议以后，制定了史上最严厉的对伊石油制裁，并威胁其他国家不得与伊朗进行石油贸易，中国、欧盟国家等“缺油国”因此遭受了很大的经济损失。20 世纪 90 年代，美国制裁当时的南斯拉夫，迫使许多国际铁路和公路运输线路关闭；许多邻国无法使用原来的必经贸易路线，导致成本增加和出口延误。[2]

---

〔1〕 https：//www. peio. me/wp-content/uploads/2019/01/PEIO12_paper_19. pdf.

〔2〕 https：//archive. globalpolicy. org/component/content/article/202 - sanctions/41612 - sanctions-an-analysis. html.

第三方蒙受的这些损失由谁来弥补呢?

根据《联合国宪章》第 50 条，因联合国制裁他国而被迫面临“特殊经济问题”的第三方国家可以提请安理会，要求提供特别援助。然而，《联合国宪章》第 50 条仅规定了“协商权”，却没有要求任何“赔偿权”。并且，制裁委员会不建议根据第 48 条第 1 款“免除”申诉国“参加制裁”的义务，也没有考虑过从联合国预算中“抽资”进行赔偿，且尚未通过联合国分配一毛钱来帮助分担贸易伙伴的负担。[1]

与这些实质性帮助相反，安理会做的仅仅是，向国际社会发出普遍呼吁，帮助因实施制裁而利益受到损害的国家。尽管有的国家对这些呼吁作出了一定反应，并向利益受损最严重的国家提供了一些援助，但总的来说，所提供的救济与所造成的损害并不相称——在海湾战争期间，双边援助主要流向了少数国家，更多出于政治目的而非出于人道主义原因。[2]其结果是，制裁的负担在各成员国之间的分布极不均匀，通常是目标国的邻国或其传统贸易伙伴受到的影响比其他国家尤其是政策的制定者——安理会常任理

制裁的负担在各成员国之间的分布极不均匀，通常是目标国的邻国或其传统贸易伙伴受到的影响比其他国家尤其是政策的制定者——安理会常任理事国严重得多。

〔1〕 https：//www. peio. me/wp-content/uploads/2019/01/PEIO12_paper_19. pdf.

〔2〕 同上。

事国严重得多。[1]

表 3-1　2017 年非洲主要对华出口国对华出口占比（单位：%）

国　家	2017 年对华出口占比
南苏丹	95
安哥拉	61
厄立特里亚	58
冈比亚	52
刚果（金）	45
几内亚	44
津巴布韦	44
加蓬	42
中非	41
刚果（布）	40
塞拉利昂	36
赤道几内亚	28
乍得	24
毛里塔尼亚	23

资料来源：http：//atlas. media. mit. edu/en/visualize/tree_map/hs92/export/chn/shou/all/201/。

〔1〕 https：//digital-commons. usnwc. edu/cgi/viewcontent. cgi？ article = 1602&context =ils.

国家之间的单边制裁也常常伤及无辜的第三方。2018年美国单方面对中国发起关税战，导致撒哈拉以南非洲国家的大宗商品价格下跌、货币贬值、股价下行。[1] 非洲开发银行的专家预测，中美贸易争端可能导致资源密集型非洲国家的GDP下降2.5%，石油出口国的GDP下降1.9%。[2]

在其他条件不变的前提下，美国减少进口中国产品自然会导致中国减少对非洲国家原材料的需求，根据美国著名智库CSIS分析，多个撒哈拉以南非洲国家对中国出口的极度依赖（如上表所示）让他们的经济在中美“贸易战”面前十分脆弱。[3]

这些国家大多是世界上最不发达的国家，突如其来的经济困难自然会影响很多人的基本生活。美联储后来超发货币，引发全球通货膨胀，导致原材料商品价格大涨，对冲了一些损失。这些事态的发展再一次警醒世人，弱小国家的命运鲜有掌握在自己手中的。

第三国既然无法获得有效的损失赔偿，暗中突破、“无视”制裁自然就会普遍存在。

第三国既然无法获得有效的损失赔偿，暗中突破、“无视”制裁自然就会普遍存在。尽管美国政

〔1〕 https：//www. csis. org/analysis/innocent-bystanders-why-us-china-trade-war-hurts-african-economies.

〔2〕 African Development Bank Group，*Economic Outlook 2019*.

〔3〕 https：//www. csis. org/analysis/innocent-bystanders-why-us-china-trade-war-hurts-african-economies.

府——制裁的主要执行者之一，通过其国家安全局（NSA）和中央情报局（CIA）监控第三国金融行为，通过分布在世界各地的银行和金融机构提供金融信息、监控资金流动，以确保制裁效果，但是很多突破制裁的行为仍然难以监控。为了给第三国支持和参与经济制裁的动力，有些大国开始对经济制裁措施实行“外交豁免”。例如，美国发动对伊朗制裁后，奥巴马对一些国家量身定制了豁免政策，让严重依赖伊朗石油的国家得以维持原来的或适度缩减的石油进口水平。这些豁免诱使土耳其、印度和其他一些国家加入了该制裁。[1]

为了给第三国支持和参与经济制裁的动力，有些大国开始对经济制裁措施实行“外交豁免”。

〔1〕 https：//www. ncbi. nlm. nih. gov/pmc/articles/PMC7518878/pdf/main. pdf.

美国制裁执行机关 OFAC 败诉的背后

在世界上制裁执行最有力的美国，很多法学家认识到，多个制裁的执行案例与相关法律原则相悖，但这并不影响美国对外资产办公室（OFAC）在没有法庭定罪的情况下实施制裁。OFAC 很少在法庭上输掉案子。但在很多情况下，OFAC 的案件涉及多个法律，常常无先例可循，[1] 所以也有败诉的例子。下面讲一个法学者（Perry Bechky）引用的美国公民穆罕默德·萨拉（Muhammad Salah）在法庭上打败 OFAC 的故事。

OFAC 曾将萨拉认定为“特别指定的恐怖分子”（SDT）。在这个认定下，萨拉须获得 OFAC 许可证才能工作、购买食物并接受癌症治疗。并且，OFAC 授予许可证很慢，通常会拖延时间，还附加各种限制和

〔1〕 https://digitalcommons.law.seattleu.edu/cgi/viewcontent.cgi?article=1788&context=faculty.

模糊不清的要求——这种情况持续了 17 年。萨拉是一名阿拉伯裔穆斯林，曾在以色列认罪“帮助了哈马斯”。鉴于此，美国地方法院作出一项简易判决，裁定萨拉必须对一起哈马斯谋杀美国公民案负民事责任；但是，该裁决被美国联邦第七巡回法院推翻，萨拉由此被判无罪。

但是，当美国指认哈马斯为反恐制裁目标时，OFAC 将萨拉指定为“特别制裁恐怖分子”，冻结了他在美所有财产，并禁止他在美从事几乎所有交易。OFAC 还拒绝了萨拉的某些申请，萨拉因此不能捐钱给慈善机构，或前往麦加朝圣。于是萨拉向美国联邦巡回法院起诉 OFAC 侵犯了宪法赋予他的权利：

——OFAC 未使用正当法律程序，对他造成严重后果；

——剥夺他的自由和财产，却未事先通知或给他机会作回应；

——侵犯了宪法第一修正案赋予他的结社、宗教和言论自由权利；

——属于非刑事诉讼案件却施加了准刑事处罚。

这些是萨拉作为“美国公民”而涉及的一系列独特的法律问题。2017 年 5 月，美国联邦巡回法院以 OFAC 没有充分考虑某些证据为由，推翻了 OFAC 的全部民事处罚。过去，OFAC 在法庭上几乎无往不胜，此次法院将 OFAC 的全部民事处罚推翻出人意料。该法官说，OFAC 的裁定存在“对关键问题的答案模糊不清、在事实认定上模棱两可”等问题，且未按照《行政程序法》要求“进行合理的决策”。

该裁定公布两个月后，大概是受其启发，埃克森美孚石油公司引用《行政程序法》和《正当程序条款》对 OFAC 提起诉讼，指控其在民事处罚程序中的违法行为。2019 年年底，位于得克萨斯北区的联邦地区法院判决 OFAC 败诉。[1]

虽然 OFAC 下设常规请愿程序（petition procedure），每年会从其“特别认定的国民和阻截人员”（SDN）中删除几百人，但尚未有任何外国个人或实体成功将其告上法庭并胜诉的例子。背后原因有政治层面上的，也有法律技术层面上的。从法律角度来看，上述 OFAC 败诉案件的关键问题在于宪法赋予的“正当法律程序”（due process）权利。然而，美国宪法第 14 修正案[2]虽然也赋予外国实体公司在美国法

〔1〕 https：//www. govinfo. gov/content/pkg/USCOURTS-txnd-3_17-cv-01930/pdf/USCOURTS-txnd-3_17-cv-01930-2. pdf.

〔2〕 https：//www. law. cornell. edu/constitution-conan/amendment-14/section-1/due-process-of-law.

庭上的正当程序权利，但并不会无条件地保护他们的商业权益。为什么呢？因为法律的背后也是政治力量的博弈。

第四章

贸易制裁的效果

制裁无用论

梳理东西方学界和智库对贸易制裁效果的评估，你会发现一个占压倒性多数的结论是“制裁无用”。制裁不光被认为在大多数情况下无效，而且还会“滥杀无辜”。例如，哥伦比亚大学某研究员认为：“美国的制裁已经造成数百万人伤亡，死亡人数超过过去20年战争死亡人数的总和。政策制定者故意无视制裁无效的经验和证据，拒绝将经济胁迫与外交目的相结合。这一切强烈表明，美国实施制裁主要是为了实现国内政治目的，而非实现表面的外交政策目标。”[1]

美国实施制裁主要是为了实现国内政治目的，而非实现表面的外交政策目标。

布鲁金斯学会的一篇文章说：“制裁往往只是表达了美国的偏好，损害了美国的经济利益，却没有改

〔1〕 https：//www. cato. org/policy-analysis/ineffective-immoral-politically-convenient-americas-overreliance-economic-sanctions#citation.

变目标国的行为。”〔1〕

世界经济论坛的一篇文章认为：“如此高的失败率表明，政府经常使用有缺陷的论据来证明实施制裁的合理性，从而迷惑了我们对其理由和有效性的理解……或许最令人困惑的是，尽管有大量证据表明制裁并不像其支持者所想的那样有效，但美国仍坚持将制裁作为其卓有成效的外交工具。”〔2〕

胡佛研究所的一篇文章批评道：“当政府实施制裁时，执行该政策的官员想要伤害的应该是被制裁国的独裁者或认定的坏人。这才是目标。但他们实际所做的却是切断食品、药品和其他商品供应来故意伤害该国许多无辜民众。制裁几乎总是在有限层面上起作用——对无辜民众造成一些伤害。但是，这不是目标。”〔3〕

俄罗斯某研究者认为：“正如俄罗斯外长谢尔盖·拉夫罗夫所说，制裁是一种愤怒的宣泄，而非合理的政策工具。华盛顿有一支强硬队伍，他们对俄罗

〔1〕 https://www.brookings.edu/research/economic-sanctions-too-much-of-a-bad-thing/.

〔2〕 https://www.weforum.org/agenda/2019/05/seven-fallacies-of-economic-sanctions/.

〔3〕 https://www.hoover.org/research/why-economic-sanctions-dont-work.

斯的崛起和重登世界舞台感到非常恼火。尤其当俄罗斯在多个场合屡屡挫败美国后，他们被大大激怒。"[1]

有研究者考察了 1976 年至 2012 年的官方数据，认为联合国实施的制裁对 67 个受制裁国家经济增长的负面影响是长期的。[2] 制裁的最终成功率有多少？一个被广泛引用的制裁成功率是 34%，源自 Gary Huf Bauer、Jeffrey Schott 和 Kimberly Elliott 的研究（以下简称"HSE 研究"）。他们将制裁"成功"定义为："一定程度上实现了制裁国所寻求的政策变化，包括制裁对实现最终目标起到了积极作用"，HSE 研究的 115 个案例中的 40 个，或略高于 34% 的案例，被视为是成功的。

这个研究遭到的最严厉的批评来自罗伯特·帕佩（Robert Pape）。帕佩在《为什么经济制裁不起作用》中，对 HSE 研究的 40 个"成功"案例进行了分析，并根据经济制裁的定义排除了其中被认为不构成经济

---

[1] https://medium.com/@thehuntercawood/sanctions-dont-work-so-why-does-the-united-states-continue-to-use-them-b916ff5026a6 https://medium.com/@thehuntercawood/sanctions-dont-work-so-why-does-the-united-states-continue-to-use-them-b916ff5026a6.

[2] Neuenkirch M. and F. Neumeier, "The impact of UN and US economic sanctions on GDP growth", *European Journal of Political Economy*, Vol. 40, 2015, pp. 110-125.

制裁的6个案例，例如关税战（显然帕佩使用了狭义的定义）。帕佩认为，只有当制裁是唯一的政策工具或是具备促成改变的最可信证据时，才能认定制裁是成功的。他据此又排除了18个案例，其中包括二战中盟国对纳粹德国施加的经济制裁以及缅甸和南越军事政变中的制裁政策。帕佩又以其他原因排除了20个左右案例之后得出结论，制裁成功的案例只有4.3%。

作为回应，埃利奥特（Elliott）很快发表了一篇题为《制裁的杯子：半满还是全空?》的文章。埃利奥特对帕佩的排除法大加指责，认为只要制裁对最终目标作出哪怕一点贡献，那么制裁就是成功的。例如，假设制裁的最终目标是推翻政权，而结果表明，制裁致使目标国国内反政府力量增加、军事反应能力降低、经济资源减少，即制裁结果与目标“拉近”了距离，那么这就算是成功的。

鉴于争论颇多，本书把制裁有效性分为3个阶段，每一个阶段的成功都有独立意义。

——合规　受制裁管辖者按照制裁指令切断贸易或资金流动、拒绝支付或提供服务；

——伤害　制裁目标在贸易和金融资源被剥夺后的经济、军事损失，以及发展受阻；

——行为改变　目标国改变行为或政策。

第一阶段的成功在于制裁实施者的执法能力和软实力，是制裁成功的先决条件；第二阶段的成功有赖于制裁实施者的经济、军事、科技实力和所掌握的稀有资源的数量；第三阶段的成功则受目标国的政体、经济和军事实力、文化、价值偏好、历史路径等其他多种因素所制约。

在本书的框架下，HSE 研究中的成功定义包含了第二、第三阶段的成功，且纳入第三阶段成功的范围较为宽泛，表面看并无大碍。但是，如果从被制裁国民众的角度来看，就很成问题了，因为在很多情况下，第二阶段成功被证明无法转化为第三阶段的成功，有时不光未能将第三阶段的目标拉近，反而适得其反。

在很多情况下，被打击和剥夺的，实际上是非战斗人员，是平民，对他们的打击可以算作是西方世界千夫所指的“滥杀无辜”（atrocity，是一项犯罪）。

尽管很多专家和决策者将制裁视为战争替代品，而且是“更有道德的”替代品；但是一些学者认为，这种制裁违反了“正义战争”原则，即一定要区分“战斗人员”和“非战斗人员”。[1] 在很多情况下，被打击和剥夺的，实际上是非战斗人员，是平民，对他们的打击可以算作是西方世界千夫所指的“滥杀无辜”

〔1〕 Allen, Susan Hannah and David J. Lektzian, “Economic Sanctions: A Blunt Instrument?”, *Journal of Peace Research*, Vol. 50, No. 1, 2013, p. 122.

（atrocity，是一项犯罪）。比如，对伊拉克的全面制裁造成了大量无辜平民死亡，但最终也没能避免战争。

但是，这些不能用来说明第二阶段的成功没有意义。

首先，对于需要大量资金支撑、工序复杂、材料难以替代的工程，如核武器研发，第二阶段的成功对实现第三阶段目标就有直接影响。釜底抽薪的机制总归是有效果的，不论是迫使对方彻底停止研制，还是延缓其进程。

其次，有一点是政治家们不愿意言说的，虽然改变政体、“保护人权”这样的最终目标很难实现，或者即使成功之后却往往造成该国经济千疮百孔、民不聊生，但一些国家的政客们仍然不愿放弃这样的制裁方式，原因在于打击经济发展在某种程度上满足了他们并未言明的其他图谋，例如“惩罚”和“报复”，只是这些图谋并不像他们声称的最终目标那样正义和冠冕堂皇。

比争论“制裁是否有用”更有价值的问题是，制裁如果真的“无用”，那么为什么又会被越来越多的国家和国际组织采用？制裁在什么情况下有效，在什么情况下无效？制裁实施国如何使用制裁？被制裁国如何减少制裁的影响？

制裁如果真的“无用”，那么为什么又会被越来越多的国家和国际组织采用？制裁在什么情况下有效，在什么情况下无效？制裁实施国如何使用制裁？被制裁国如何减少制裁的影响？

制裁无用论的误区

制裁威胁如同美联储加息的传闻一样呼风唤雨

> 多个研究发现，在威胁阶段，剑拔弩张的制裁威慑就可能促使对方改变行为，而无须等到制裁落地。

制裁无用论的一大问题是，它忽视了制裁在威胁阶段的效果。多个研究发现，在威胁阶段，剑拔弩张的制裁威慑就可能促使对方改变行为，而无须等到制裁落地。例如，1989 年的《蒙特利尔议定书》呼吁，对未能控制氯氟烃（CFC）的非缔约方进行贸易制裁，该威胁迫使韩国等国家立即采取措施落实该协议的规定。1988 年《美国贸易法》第 301 条款获得通过，成功促使许多国家采取了贸易自由化措施，以免被单独挑出来惩罚。[1]

然而，这些发挥作用的制裁威胁，却在绝大多数制裁研究中被忽略不计，造成研究样本的一个致命性“选择偏差”[2]。为什么呢？在威胁阶段，如果被制裁国发现制裁的代价可以承受，则制裁不管是否落地都可能无效；相反，若被制裁国认为无法承受，必将尽力避免，那么制裁在威胁阶段就已令其改变行为，但这些案例大概率不会出现在制裁研究的历史数据中。因此，落了地的制裁大多是被制裁国并不惧怕或者认为无法被有效执行、有多种应对方式来对冲风险的，因此是所有制裁集合中最不可能成功的子集。如果这样的制裁还能成功，最终产生了改变行为的效果，那么多半是被制裁者高估了其应对能力，低估了制裁国的决心和实力，以及自身将会受到的损失和伤害。

在《核不扩散制裁的成功秘密》一文中，作者考察了 1950 年至 2000 年全球国家样本的统计分析、美

---

〔1〕 Robert E. Hudec, “Thinking about the New Section 301: Beyond Good and Evil”, in Jagdish N. Bhagwati and Hugh T. Patrick, eds. *Aggressive Unilateralism: America's* 301 *Trade Policy and the World Trading System*, Ann Arbor: University of Michigan Press, 1990, pp. 113-159.

〔2〕 https://cpb-us-e1.wpmucdn.com/sites.dartmouth.edu/dist/9/280/files/2013/10/14-Lacy-Niou-Economic-Sanction-JOP.pdf.

国核不扩散制裁事件的原始数据，得出结论：经济和政治制裁确实是一种成功的防核扩散工具，但是“选择偏差”使这种成功在很大程度上被掩盖。[1]

一个国家面对制裁的脆弱性与对美国经济和安全保障依赖程度呈正相关——依赖程度越高的国家在美国的制裁中损失越大，也就更有可能把美国的制裁威胁当回事。

他的逻辑简单明了：理性的领导人在启动核武器研制计划之前会评估被联合国制裁的风险，这会产生一种选择效应，即断定“潜在制裁有效”的国家会停止启动核武器研制计划。由于美国是联合国制裁最有力的执行者，一个国家面对制裁的脆弱性与对美国经济和安全保障依赖程度呈正相关——依赖程度越高的国家在美国的制裁中损失越大，也就更有可能把美国的制裁威胁当回事，如日本、韩国、巴西等国。这种选择效应的最终结果是，自 20 世纪 70 年代后期以来，孤立的、相对不开放的国家才寻求核武器，并理所当然地成为被制裁对象。问题是，如果我们只将这些国家纳入制裁有效性的统计分析研究，就会得到错误的成功率。

因此，当我们观察制裁时，需要把重心放到制裁威慑力上，从制裁双方的经济金融力量对比、依存关系、脆弱程度等来看待潜在制裁的影响。

制裁的威慑力还直接体现在对“非政府”力量的

〔1〕 https：//www. jstor. org/stable/43283283.

影响上。美国所谓《香港自治法》中的金融制裁属于二级制裁的范畴，至今没有使用过，但是其威慑力已经迫使不少国际性大银行早在制裁名单出现之前就着手规避风险，快速关闭了一些香港官员的银行账户，正如美联储加息的传闻早在政策出台之前半年就已然在股市债市掀起波浪一样。当然，美国对香港的依赖也同时制约其采取进一步行动，近年美国已通过其他立法取消了香港的某些“特殊地位”，并在逐步减少对于香港的经贸依赖，为以后采取更大的动作做准备。

2021 年 7 月，拜登政府炮制所谓“香港商业警告”，恐吓外国企业在香港做生意存在种种风险，企图借此打压香港。

然而此前，投资者的嗅觉将他们引导到同美国政府期待相左的行动方向。在全球新冠肺炎疫情暴发的 2020 年，大资产管理公司如摩根大通等开始把用于新兴市场投资的资金集中投放到中国。无论是从股票债券等金融市场进入的热钱，还是外商直接投资，都大大增加。据悉，2020 年海外持有的中国股票比 2019 年增加了 62%，达 3.4 万亿美元；债券市场增加了 47%，达 3.3 万亿美元。2021 年 1 到 5 月，外国直接投资绝对数额很小，但也比 2020 年同期增加

35.4%。这个情况反映的是，在新冠肺炎疫情笼罩世界的情况下，中国的经济基本面相对于其他国家来说更具稳定性。

然而，2021 年 6、7 月份以后，我们看到外商投资从中国乃至亚洲撤离的趋势。据路透社报道，外资在 6、7 月份卖出了价值 7.25 亿美元的亚洲股票，2021 年上半年外资净撤离达到 246 亿美元。2021 年 7 月底的两天内，外资从香港净流出 26 亿美元。德尔塔病毒引发的担忧、中国政府对数据和教育产业的整顿明显影响了市场，而美国政府对于中国香港营商环境的降级认定，连同高悬的制裁威胁，也给长远预期带有了阴影。

有趣的是，美国鼓动资本撤离中国和中国收窄企业在美融资空间这两件事，差不多是在同时发生的。

不过，有趣的是，美国鼓动资本撤离中国和中国收窄企业在美融资空间这两件事，差不多是在同时发生的。对于中国来说，一方面，减少中国企业对美资的依赖无疑将增强对美国金融制裁的抵御力，至少能减少被牵制的风险。如果一家中企高度依赖外资，美国政府可能随时出台的“阻断融资政策”则会瞬间释放巨大破坏力，传播系统性风险，其后果难以控制；另一方面，美国政府近年的政策对中国上市公司实行“区别对待”：一边支持中国特定私营企业，一边通过制裁削弱中国国有企业或有政府和军方背景的企业。这般挑三拣四的资本分配，在资本-技术-信息-文化的相互影响中，可以铸成有一定影响力的长远格局。对此，中国政府的反应自然十分强烈。

回到对中国香港的制裁，虽然很多人认为美国不敢真的对香港进行“毁灭性的”的金融打击，但美国制裁对香港国际金融中心和国际贸易中心地位的威胁是显而易见的。现在，美国和其他一些西方国家正在通过各种政策途径，减少对香港的依赖，其带来的负面影响将会逐渐浮出水面。

不制裁会如何？

制裁无用论的另一大问题是低估不制裁的后果。当外交手段无济于事、战争不是选项的情况下，如果没有制裁来制约目标国行为，后果将会如何？

制裁无用论的另一大问题是低估不制裁的后果。

在《制裁会减少伊朗的军费开支吗？》一文中，研究者使用了1960年到2017年的年度数据和自回归分布滞后（ARDL）模型，他们发现，从短期和长期来看，制裁力度的增加与军费开支的大幅下降有关。从长期来看，在其他条件不变的情况下，制裁强度每增加一个级别，军费开支就会减少约33%。他们还发现，美国联合其他国家制裁伊朗的“多边制裁”，无论是从短期还是长期来看，都会对伊朗的军费开支造成统计上可显的负面影响。在考虑其他条件的前提下（同样的 GDP、石油收益、贸易开放度、人口数量和结构、政治机构性质、中东地区的军事支出、政府的非军事支出等），“多边制裁”使伊朗的长期军费开支减少约 77%，[1] 这大大减慢了伊朗研制核武器的步伐。

有研究人员指出，如果伊朗发展核武器，将激励其他小国发展核武器，刺激那些早就有能力制造核武器而鉴于《核不扩散条约》未拥核的国家，如日本、韩国等，重新考虑研制核武器。若全世界尤其是容易发生武装冲突的多个地区都拥有核武器，对世界和平构成的威胁将是无法低估的。

〔1〕 https：//www. tandfonline. com/doi/abs/10. 1080/10242694. 2019. 1622059.

制裁何时无效，何时有效？

制裁有时有效，有时无效。同时，有效时，程度也不一样；无效时，也未必没有间接影响。

制裁盟友更有效

前面我们提到过盟国如何在背后破坏制裁、借经济制裁发财的历史，盟国之间相互制裁其实也不奇怪。但是一旦被正式制裁，被制裁方则倾向于让步，以防事态扩大。例如，第二次中东战争期间，埃及纳赛尔政府接管苏伊士运河后，法国和英国入侵埃及，美国总统艾森豪威尔并不赞同该做法，威胁要制裁英国。作为美国的第一盟友，英国撤退了。

有研究者认为，制裁之所以对西方国家更为有效，是因为西方社会信息更加透明，政府力量之于社会力量的优势有限，政府难以调用行政手段重新分配西方国家是主要的制裁实施者，他们之间互相制裁的决心受到千丝万缕的利益关系牵制。

制裁影响、操纵制裁后果。[1] 还有一个解释是，西方国家是主要的制裁实施者，他们之间互相制裁的决心受到千丝万缕的利益关系牵制。贸易金额、共同国际条约数量、军事盟友关系、共同的对手和敌人等都可以作为衡量这一假设的量化指标。实际上，正如本书多次提到的，西方国际性大银行对美国金融制裁的全力配合大体源于对美国金融工具、金融市场和实体市场的依赖。巴黎银行在收到美国开出的 89 亿美元的天价罚单之后开始斥巨资打造合规体系。汇丰银行、巴克莱银行、德意志银行等国际性大银行都被美国重罚过。因此，在欧盟颁布《制裁阻断法》，将配合美国制裁、拒绝为伊朗石油贸易结账定为“违法”的情况下，国际金融机构慑于美国二级制裁威胁，仍然不敢不配合美国的制裁合规要求，从而充当美国的合规警察。相比之下，非西方国家则有一群不同的贸易伙伴和援助“金主”，对美国主导的国际金融体系的依赖没有那么强，联系还不够“紧密”，所以，这些国家的金融机构对美国制裁就不那么重视，有的甚至对西方制裁置若罔闻。

〔1〕 Richard Nephew, *The Art of Sanctions :A View from the Field*, New York: Columbia University Press, 2018, p. 58.

盟国间除了当下的利益牵扯，还有长远的互惠预期。博弈论专家丹尼尔·德雷兹纳（Daniel Drezner）使用经济学和统计数据分析认为，制裁和制裁威胁更有可能对盟友起作用，而不是对敌对国家起作用。他认为，[1] 敌对国家彼此之间总体利益方向不一致，因此可以采取长期冲突对策；盟国间希望较少发生冲突，因此更愿意让步。道理说起来也简单，就是看双方对长远关系的预期，如果要做长期朋友，则更有动力让步，这一点跟婚姻关系有些类似。

2020 年 8 月，一位欧盟分析师就美国制裁在欧盟外交关系协会（EU Council on Foreign Affairs）官网上发文："尤其令人担忧的是，与北溪二号（North Stream 2）制裁（美国制裁从俄罗斯到欧洲输送天然气的管道工程）一样，这些政策想法来自国会，而非白宫……然而，要找到对美国制裁政策的正确回应并不容易，美国仍然是欧洲极其重要的伙伴和朋友，必须避免贸易争端升级。"[2]

彼时，在特朗普当政时期，美欧之间相互施加的

---

[1] Daniel Drezner, *The Sanctions Paradox*, Cambridge: Cambridge University Press, 1999.

[2] Jonathan Hackenbroich, https://ecfr.eu/article/commentary_how_europe_can_defend_itself_against_us_economic_sanctions/.

关税制裁已涉及诸多方面，包括上文提到的天然气管道工程，还有波音公司与空中客车公司（下称“空客”）争端、美国对欧盟钢铁和铝进口征收关税、数字服务税等。

美国的波音公司和欧洲的空客公司多年来享有政府补贴，互相指责对方扰乱航空市场，争端持续了16年之久。2019年到2020年间这些纠纷被诉诸WTO争端解决机制，二者的补贴先后被裁定为违法。2019年，作为对欧盟非法补贴空客的惩罚，WTO批准华盛顿对空客公司征收10%的关税，并对包括法国的葡萄酒、苏格兰和爱尔兰的威士忌和奶酪等征收25%的关税。

受影响最大的是法国，因为法国政府是空客公司的主要股东之一。法国财政部长勒梅尔希望通过谈判解决问题，表示：“如果美国政府拒绝法国和欧盟伸出的手（指谈判请求），那我们就准备对制裁作出反应。”事实上，欧盟在2018年7月就提出了一项休战方案，让双方坐下来，相互认错，并找出减少补贴的方法，但没有得到美国的积极回应。在美国将空客告上WTO并胜诉时，欧盟在一份声明中说：“如果美国决定实施WTO授权的制裁措施，它将把欧盟推向一个我们别无选择的境地。”

当时特朗普要让全世界相信：美国一直以来遭受欧盟的不公平待遇。特朗普政府推算，即使 WTO 裁定波音违法，至少还需 1 年时间，因此在 2019 年年底就开始对欧盟征税。2020 年，WTO 裁定美国政府对波音的补贴行为违法，欧盟从 2020 年 11 月才开始对美国价值 40 亿美元的产品征收关税。法国财长勒梅尔说："我们别无选择，只能对这一制裁作出回应……这是正常情况。"[1]

拜登政府上台后，2020 年 3 月，欧盟与美国就空客-波音争端达成了"中止制裁 4 个月"的协议，4 个月暂停期将用于寻找解决争端的长期方案，从而永久取消制裁。法国驻英国使馆发文说："欧盟和美国现在将能够推进并制定新的规则，以更有效地打击不公平竞争。"[2] 3 个月之后的 6 月 15 日，美国和欧盟达成"休战"协议，将特朗普时期开始的相互关税制裁暂停 5 年。据悉，美国贸易代表戴琪（Katherine Tai）表示，双方在允许向大型民用飞机生产商提供哪些支持方面已达成一致。并且，他们还将努力打击

---

〔1〕 https：//www. reuters. com/article/us-usa-trade-eu-france-idUSKBN27T2RZ.

〔2〕 https：//uk. ambafrance. org/France-hails-suspension-of-EU-US-trade-sanctions.

"非市场参与者"对飞机的投资，尤其是中国。[1]

这次"休战"协议还包括美欧就该问题成立工作组，按市场条件提供融资，保持研发资金透明度，避免损害对方的行为，并合作"解决"其他地方的"非市场行为"。该结果受到WTO欢迎。欧盟和美国还表示，除了这一问题之外，他们还将寻求解决主要集中在中国的全球钢铁产能过剩问题。

盟国间相互制裁很多时候不过是一种激烈的沟通方式，最终解决各自关切的概率较大。

在此例中，盟国除了"长远利益"和"友谊"以外，还有一个强大的共同对手——中国。盟国间愿意相互让步，并对抗共同的对手和敌人。盟国间相互制裁很多时候不过是一种激烈的沟通方式，最终解决各自关切的概率较大。

政局动荡的小国在制裁面前不堪一击

被制裁国自身的政局动荡及经济问题等都会增加制裁之于政权更迭的成功率。在制裁研究领域具有广泛影响力的学者 Hufbauer、Schott 和 Elliott 发现，在

〔1〕 https://www.reuters.com/business/aerospace-defense/eu-us-set-unveil-truce-17-year-aircraft-battle-2021-06-15/.

这种情况下，制裁往往会导致政权变化，以政变或选举等方式淘汰现有政府。非洲和拉美的一些小国皆属此类。如果目标国是一个拥有强势领导人的大国，那么制裁导致政权更迭的可能性则很小。

如果制裁实施国和目标国之间的收入差距很大，制裁成功的机会就很大。上述 3 位学者研究了自 1914 年以来实施的 115 起经济制裁案例，发现在大多数情况下，实施国的 GNP 是目标国的 50 倍以上。

1993 年，克林顿政府指控苏丹政府窝藏本·拉登、“豺狼”卡洛斯等国际恐怖分子，并为哈马斯、真主党等提供支持。据此，美国将苏丹列入“支持恐怖主义国家”名单，开始对其实施经济制裁。

事隔 20 多年，2017 年，奥巴马政府认定，苏丹政府采取了重要的积极措施，维护该国冲突地区的停火协定，还与美国在地区和反恐问题上进行合作。苏丹政府在达尔富尔地区、南科尔多凡和青尼罗两州等冲突地区主动停火，改善了国内人道主义援助准入状况，并与反政府武装进行多轮和谈，对政府进行大幅改组，吸收反对党入阁。2017 年 10 月，美国政府解除了对苏丹的一部分制裁，但仍然将苏丹认定为“支持恐怖主义国家”。2020 年年底，美国将苏丹从“支持恐怖主义国家”名单中移除，永久性取消此前设定的制裁措施。美国对苏丹解除制裁颇具争议性。时至今日，英国等一些国家仍在制裁苏丹。

但是，对于苏丹这样一个经济薄弱的国家来说，制裁的破坏性影响是深远的，制裁取消后经济恢复非常缓慢。美国取消对苏丹的制裁之后，国际金融机构缺乏主动伸出援手的动力。“你认为制裁已经解除了吗……什么都没有改变。银行太害怕与苏丹打交道，出于恐惧或自满，它们似乎尚未发现（制裁已经解除）。”有研究者发现，结束金融制裁以后，苏丹对美元等硬通货的需求激增，削弱了苏丹镑的价值，侵蚀了大多数普通苏丹人的购买力。[1]更具讽刺意味的是，取消经济制裁可能使转移资金更加容易，外币需求增加，加速了资本外逃。一名受访者苦涩地评论道：“如果这就是取消制裁带来的结果，那么我们最好有制裁。”

更具讽刺意味的是，取消经济制裁可能使转移资金更加容易，外币需求增加，加速了资本外逃。

下图为苏丹人均 GDP 从 2010 年到 2020 年的变化，显而易见，2017 年美国取消部分制裁以后，苏丹的经济不仅没有恢复迹象，反而在继续下滑。[2]

---

〔1〕 Aly Verjee, “Sudan after Sanctions：Sudanese Views of Relations with the United States”, https：//www. usip. org/sites/default/files/2018-05/sr427-sudan-after-sanctions-sudanese-views-of-relations-with-the-united-states. pdf.

〔2〕 https：//data. worldbank. org/indicator/NY. GDP. PCAP. CD? end=2020& locations=SD&start=2010.

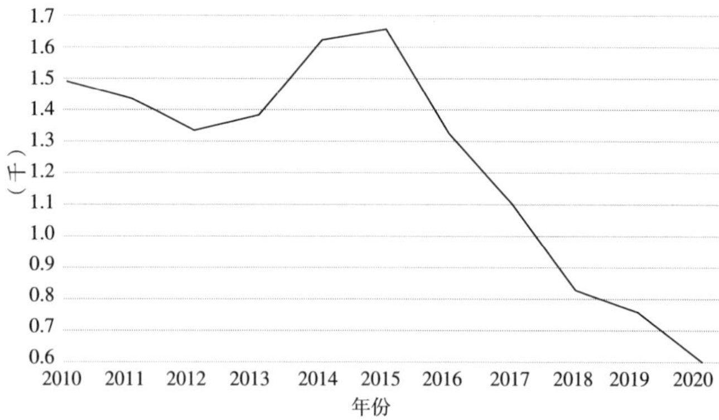

图 4-1　2010—2020 年苏丹人均国内生产总值（现值美元）折线图

雄心勃勃的制裁多难奏效

影响制裁成功率的关键因素之一是目标“雄心勃勃”的程度。比如，改变一个国家的政体或者影响其大政方针这一目标，相较于小范围的具体目标，制裁的成功率要小得多。即使改变政体的目标实现了，最终也不一定能改善民众的生存环境。被广泛认定为制裁成功的例子——对南非种族主义政权的制裁，虽然改变了其政体，但是新南非的经济长期停滞，也许算不上是什么好结果。

> 影响制裁成功率的关键因素之一是目标“雄心勃勃”的程度。

现在来看看针对南非的制裁。当时的英国和美国试图顶住安理会的强大压力，反对就种族隔离对南非实施制裁。当时的南非当权者宣称要通过“渐进的”改良来替代骤然的政体变化，但是国际社会已经失去了耐心。英国和美国最终于 1977 年同意安理会实施“强制性武器禁运”。但是，联合国进一步加强制裁的努力遭到了英美一致反对，其中包括 1988 年 3 月 8 日被英美两个常任理事国否决的一份决议草案。然而，在美国，1989 年的国际反种族隔离运动声势浩大，美国国会通过了新的制裁法案。在此之前，与南非进行贸易往来的托运人、大型石油公司等经常无视禁运，但由于这次国际反种族隔离运动，海事和沿海工会以及联合国机构加强了公共监督，以帮助执行制裁。[1] 这些全球范围的经济高压行为最终导致南非政权的更替。

但是，从 20 世纪 90 年代初南非政体变化到 20 多年后的今天，经济不平等依然是南非种族隔离的遗留问题，见下图：

〔1〕 https：//archive. globalpolicy. org/security-council/index-of-countries-on-the-security-council-agenda/sanctions/41612-sanctions-an-analysis. html.

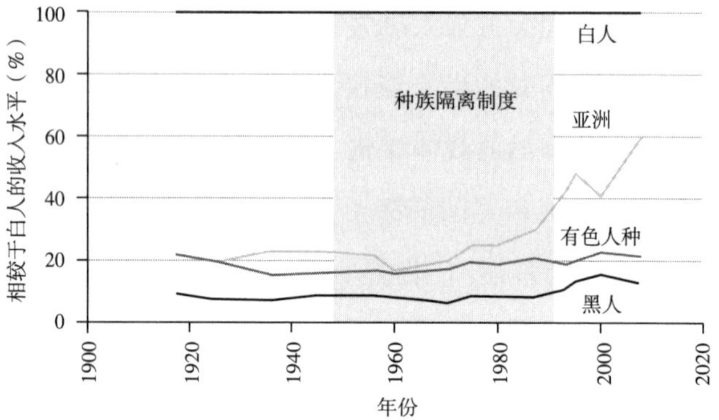

资料来源：https：//origins. osu. edu/article/south-africa-mandela-apartheid-ramaphosa-zuma-corruption。

图 4-2　南非各种族人均收入与白人水平的对比

虽然南非黑人拥有的产业和财产增加了，但是南非的贫困问题依旧严重，失业率仍然同 20 年前一样居高不下。人们不禁要问：这难道是当年美国国会和支持国会立法的美国正义民众想要看到的吗？

有研究者考察了 1972 年到 2014 年间美国制裁对所谓自由民主进程的影响。他们使用了多个学界广泛接受的自由民主指标进行分析后发现，无论用什么指标，结论都是美国制裁减少了自由民主的程度。[1]

〔1〕 https：//link. springer. com/article/10. 1007/s11127-018-00628-6.

国内消费效用及总统支持率

制裁的国内消费效用本身对实现制裁所宣称的目标没有太多现实意义，但是有益于制裁制定者。

制裁的国内消费效用本身对实现制裁所宣称的目标没有太多现实意义，但是有益于制裁制定者。最明显的例子是，拜登上台后，立即对记者卡舒吉在沙特驻土耳其伊斯坦布尔领事馆中遇害一案对沙特进行了制裁。这是拜登对民主党选民的承诺，上台后必须兑现，这有助于提高拜登的认可率。

有美国学者通过盖洛普民意调查获得总统支持率，发现总统在实施制裁后获得的支持率上升。他使用的回归分析显示：实施制裁导致支持率在下月平均上升 3.301%。在该研究中，作者还发现国内经济困难增加了总统实施制裁的可能性。[1]

这种现象得到了"战争转移理论"的支持。该理论认为，领导人在面临国内问题时更有可能采取"冒险"的外交政策。[2] 2021 年拜登政府上台后，不但

〔1〕 Taehee Whang, "Playing to the Home Crowd? Symbolic Use of Economic Sanctions in the United States", *International Studies Quarterly*, Vol. 55, No. 3, 2011, p. 793.

〔2〕 https://sites.krieger.jhu.edu/iae/files/2019/01/In-Consideration-of-Economic-Sanctions.pdf.

没有放松特朗普时期的对华制裁，反而有所扩大，一个原因就是美国处于政治极化的环境中，两党分歧最小的就是遏制中国这个“最大对手”。既然美国的政治极化在短期内看不到任何好转的迹象，那么中国就会继续被作为“最大对手”，植根于一些美国人心中。拜登入主白宫后，出台了一系列针对中国的限制性政策，获得了来自共和党尤其是特朗普阵营的支持，在一定程度上为拜登的政策重点——基础设施法案和税法改革减少了阻力。

有学者通过使用时间序列横截面数据（time-series cross-sectional data）对影响美国总统决策的因素进行建模分析，对“国内消费论”进行深挖细分。结果表明，临近选举期的总统更有可能实施制裁，这可能是因为，这样做看起来更显总统风范。但是，没有总统会仅仅为了提高他们的支持率而选择真正的战争；高支持率的总统往往比低支持率的总统更愿意采取行动实施制裁。[1]

---

〔1〕 https：//sites. krieger. jhu. edu/iae/files/2019/01/In-Consideration-of-Economic-Sanctions. pdf.

多边制裁更有效但目标更狭窄

提高制裁有效性的一个重要手段是多国联手。在其他因素相同的情况下，以联合国制裁、欧盟制裁、多国共同制裁为代表的多边制裁，比单边制裁更为有效。[1] Neuenkirch 和 Neumeier 研究了联合国和美国经济制裁对目标国 GDP 增长的影响。他们的例子包括在 1967—2012 年间经历 67 次经济制裁的 160 个国家。结果表明，联合国制裁对目标国经济增长产生显著负面影响。平均而言，联合国制裁导致人均 GDP 增量下降了 2.3% 到 3.5%；美国制裁对实际 GDP 增长的不利影响在 0.75%至 1%之间，[2] 小于联合国制裁。

另有一个有趣的研究发现，在实施阶段，欧盟的多边制裁比美国的单边制裁更有效，但是在威胁阶

---

〔1〕 https：//www.jstor.org/stable/27735136； https：//www.cambridge.org/core/journals/american-journal-of-international-law/article/like-it-or-not-unilateral-sanctions-are-here-to-stay/16A1150A4E2E 3366034347278B10E783.

〔2〕 https：//www.econstor.eu/bitstream/10419/228756/1/IES_2021%20Winter_Vol%2051_Issue%201_Pages%201-14.pdf.

段，美国的单边制裁比欧盟的多边制裁更有效；[1]这是因为，欧盟体制相对松散、决策较难，因此制裁威胁通常吓不到人，而美国的制裁威胁则通常被严肃对待。还有一个原因是，联合国和欧盟的制裁普遍没有美国单方面制裁那么“雄心勃勃”，因为需要找到符合多国利益要求的“子集”，这只会缩小制裁的范围和力度。

联合国和欧盟的制裁普遍没有美国单方面制裁那么“雄心勃勃”，因为需要找到符合多国利益要求的“子集”，这只会缩小制裁的范围和力度。

另外，多边制裁与单边制裁在动机上的差别，在一定程度上解释了多边制裁的更优有效性。有研究探讨了单个国家参与多边制裁的动机，发现各国在经济制裁中进行合作更多的是为了提高该制裁的“工具有效性”，而“迎合国内公众”并非主要考量。要预测一个国家参加多边制裁的可能性，关键因素如下：该国遵守多边经济制裁的历史、在国际组织工作多年的声誉、组织协调制裁制度的经验。[2]相较之下，单边制裁则多针对国内消费，与国内舆论和支持率密切相关。

---

〔1〕 https://www.sciencedirect.com/science/article/abs/pii/S0014292120302257.

〔2〕 https://www.peio.me/wp-content/uploads/2019/01/PEIO12_paper_19.pdf.

不料之灾

破坏经济、损害民生是大多数制裁最终取得效果的必要一环，但这些后果都在制裁者的料想之中。而政治上、司法上的一些后果虽然常跟“人权”“民主”等目标背离，但制裁者大多选择视而不见或辩解说这是必须付出的代价。

一项利用时间序列数据（1981 年至 2000 年的跨国数据）在 95 个国家进行的研究表明，经济制裁恶化了被制裁国民众“人身安全”和“人权”状况。研究者考察了在国内惯例、政局稳定状况和经济指标等方面各有不同的国家，并在此基础上分析制裁对其法外处决数量、失踪人数、政治监禁和酷刑等因变量的影响，[1] 结论是：制裁对上述每一个因变量都有负面影响；并且，制裁越广泛，产生的不利影响就越大——从“无制裁”到“广泛制裁”，人员失踪概率增加 115%，政治监禁增加 57%，酷刑增加 61%，法

[1] Dursun Peksen, “Better Or Worse? The Effect of Economic Sanctions on Human Rights”, *Journal of Peace Research*, Vol. 46, No. 3, 2009, p. 62.

外处决增加 64%。制裁实施的时间越长，累积的“人权”伤害就越大。[1]

但是，另一位学者对一个时间跨度更大（1976 年至 2008 年）、更全面的种族灭绝和政治杀害的数据进行分析，得出的结论是：制裁既不会像一些文献所预期的那样“加剧杀戮”，也不会像许多政策制定者和倡导者所假设的那样“减轻暴行”。无论是根据制裁的数量、成本、揽括性程度、持续时间或是否由国际组织实施或管理，这些调查结果都成立。发出制裁威胁也不会影响“暴行”的严重程度。[2]

虽然这两个典型研究的结论不同，但他们的共同发现是——制裁并没有减轻“暴行”、促进人权和改善民生。那么，被制裁国的哪些人群承受了最严重的后果呢？通过分析 1960 年至 2008 年的 68 个被制裁国，研究者发现，实施制裁加剧了被制裁国的收入两极分化，制裁持续时间越长，制裁对社会收入分配秩序的不利影响就越严重。[3]

---

〔1〕 https：//sites. krieger. jhu. edu/iae/files/2019/01/In-Consideration-of-Economic-Sanctions. pdf.

〔2〕 https：//www. tandfonline. com/doi/abs/10. 1080/14623528. 2016. 1240516.

〔3〕 https：//www. sciencedirect. com/science/article/abs/pii/S0305750X16000516.

西方国家的共同制裁遭遇挑战

> 在戳爆西方制裁上，有经济实力和价值动力但政治目标不同的国家，会对西方制裁构成前所未有的挑战。

大国对小国、强国对弱国实施的经济制裁才能有效。若干国家联合起来共同制裁，效果通常也比较好。如战后的西方国家，由于价值观相同，采取共同的制裁措施则相对容易。但是，当世界上出现一个价值观与西方国家有很大区别的强大经济体时，就会深远地改变制裁的格局。在戳爆西方制裁上，有经济实力和价值动力但政治目标不同的国家，会对西方制裁构成前所未有的挑战。

在非西方文明的经济体强势崛起之前，西方世界内部力量的此消彼长及全球化带来的“扁平化”趋势，也会制约西方大国制裁的有效性。例如，二战后初期，美国的“单方面”制裁有接近70%是成功的，在20世纪70年代和20世纪80年代，却仅有13%的成功率。根据HSE研究，1970年之前，美国单独或参与的制裁至少有50%以上的成功率。然而，在1970年至1990年之间，则仅有21%成功。

现在，中国正成为世界第二大经济体，俄罗斯也在寻求复兴。中国和俄罗斯作为两个大国，有自己的价值观和核心利益，对美西方制裁的反制力明显提升。同时，美国和其他西方国家对中国、俄罗斯等新兴经济体的看法不尽一致，甚至有明显的分歧，也使美西方采取共同制裁的难度加大。

定向制裁是解决方案吗？

在“制裁的潜规则”一章中，我们讲过小国、不发达国家在联合国多次通过宣言和倡议反对西方大国的强制性经济措施。这些倡议跟发达国家的学界和智囊团对经济制裁的批评存在共识：“地毯式轰炸”的综合性经济制裁会造成广泛的负面影响，大概率是不道德的，是以强凌弱、不该发生的。因此，2000 年以后，定向制裁、“聪明制裁”替代了大部分综合性制裁。

定向制裁是解决方案吗？其成功率几何？

定向制裁部分地解决了“滥杀无辜”的问题，希求通过制裁关键人物或实体来达到政策目标。总的看来，与综合性制裁相比，定向制裁或“聪明制裁”看起来很利索——精准打击目标对象，同时避免将灾祸殃及无辜平民。然而，定向制裁的成功率似乎并不像预期那样高。

研究发现，截至 2016 年，联合国 23 个定向制裁中，只有22%达到了主要目的，低于综合性制裁的34%。这是因为定向制裁的最终成功很大程度上取决于制裁控制技术、关键人物及实体“是否可替代”，也取决于制裁目标雄心勃勃的程度。

最近越来越多的定向制裁，如对多个俄罗斯政府部门首长的制裁，以及对沙特王子近卫军的制裁，更像是“严厉点名批评，高调表示不满”。这样的表态型制裁越多，自然就越会拉低制裁的成功率。但是这样的制裁本身的出发点，恐怕就不是要真正达到制裁方所宣称的效果，因此其实没有必要计入制裁最终是否成功的评估中。

在特朗普时期，定向制裁的打击由头从核扩散、恐怖主义、贩毒团伙、侵犯人权、破坏民主等扩充到了一个新“前线”，这就是以国家安全名义，用制裁和“罪化科学家”等方式来维持美国在科技领域的战略优势。对华为限购芯片，对中芯国际限购超紫外线（EUV）光刻机，都是为了遏制中国在科技和市场上的发展。此种制裁损人不利己，使美国供应商失去重要的市场。用技术跟市场需求较量，卡脖子究竟能卡多久其实很难说，尤其是在美国这种商业群体对政府决策影响力很大的国家。

据彭博社报道，2021年8月，近30家美国最具影响力的商业团体——代表零售商、芯片制造商、农场主和其他组织——呼吁拜登政府重启与中国的谈判，降低进口关税。在致美国贸易代表戴琪和财政部长珍妮特·耶伦的一封信中，这些商业团体表示，北京方面已经达到了第一阶段贸易协定的重要基准和承诺，包括向美国金融机构开放市场，以及减少美国对中国农产品出口的一些监管壁垒。如果美国政府坚持"以工人为中心"的贸易议程的话，应考虑取消损害美国人利益的关税。但是，致信的商业团体认为，美国贸易代表办公室应开始就第一阶段协议中未涵盖的问题进行谈判，包括国家补贴、政府采购、网络安全和数字贸易，并希望继续保持与中国在贸易和经济问题上的接触。

美国的商业团体历来影响着美国的外贸政策，现在他们在中国的利益比过去更大，特朗普政府试图通过关税政策和"贸易战"制造不确定性，从而把他们拉回来。此举虽产生了一些作用，但是这些团体都清楚中国的市场潜力——赢不了中国市场就意味着输了半壁江山。

总的来说，全球化之手将世界展平，单一文化逐渐丧失对世界经济的支配地位，世界秩序越来越受到多种文明的共同影响，多极化趋势不断发展，想通过经济制裁颠覆国家政权、改变大政方针、改变政体性质、推行有争议的价值观，将会遇到越来越多来自多方面的、有实际效力的抵制，被制裁国家的应对手段将会因为“外部资源”的增加而更为充裕。不管是全面制裁还是定向制裁，其效果将会越来越有限。各国将会采取目标可控、不求牵一发而动全身但却立竿见影的定向制裁，这是一种趋势。

各国将会采取目标可控、不求牵一发而动全身但却立竿见影的定向制裁，这是一种趋势。

第五章

金融制裁的效果

立竿见影

第一章我们专门用了一小节来讲金融制裁，因为这是经济制裁中一项技术要求很高、知识产权密集的制裁创新。金融制裁从最开始以政府或国际组织为主要行为主体，以切断“援助”为主要方法的制裁，演变成为如今的以全球金融机构和商业情报机构为行为主体四处撒网，以切断“交易、投资”为中心的制裁，其复杂性在过去20多年里迈出了一大步。

总的说来，定向制裁虽然能解决制裁的某些“合法性”担忧，但成功率依然较低，然而，定向金融制裁却是个显而易见的例外。按照前一章中列出的三阶段成功标准来衡量，金融制裁大大增加了第一、第二阶段成功率，也就是说，金融制裁在执法合规性以及经济伤害程度上都比贸易制裁厉害得多。这是因为全球性金融机构对美元和美国市场高度依赖，使得违反制裁的成本高到关乎生死存亡的地步。全球性金融机构对金融制裁，尤其是美国的金融制裁，已从“不屑

全球性金融机构对美元和美国市场高度依赖，使得违反制裁的成本高到关乎生死存亡的地步。

一顾”到了“过度合规”的地步。

金融机构并非自愿成为制裁实施的金融警察。早期，银行和商业利益群体强烈反对多种类型的金融制裁。《纽约时报》在 1996 年 3 月报道，英国、法国和德国“传统上不愿意采取任何可能损害其国际金融中心地位的行动”；银行不想放弃其私人账户的信息，那些对银行与客户关系的干预，以及更广泛领域的政治干预，往往使银行感到紧张。由于这些原因，金融机构很少针对个人资产实施制裁。[1]

但是，在小布什时期和奥巴马时期，美国政府有关部门采取“钓鱼”策略（打苍蝇）和“捕鲸”策略（打老虎），对国际金融机构敲响了警钟，尤其是大型国际性银行受到震慑，加速了国际性情报公司的扩张。通过研究 OFAC 发布的 2003 年至 2018 年执法行动数据发现，OFAC 在小布什时期采取的“钓鱼”策略意在通过大量执法行动对许多个人和实体处以小额罚款；奥巴马政府则采取了“捕鲸”策略，即采取少数重大执法行动，使国际金融机构和银行等遭受巨额罚款，包括巴黎银行、汇丰银行、渣打银行、德

---

〔1〕 https：//archive.globalpolicy.org/security-council/index-of-countries-on-the-security-council-agenda/sanctions/41612-sanctions-an-analysis.html.

意志银行等。[1] OFAC 在 2003 年至 2008 年间平均每年采取 90 次执法行动，在 2009 年至 2016 年期间平均每年采取 20 次执法行动。小布什政府的执法策略侧重于抓获更多的违规者，而奥巴马政府的做法则通过巨额罚款以期产生更为深远的威慑效果。

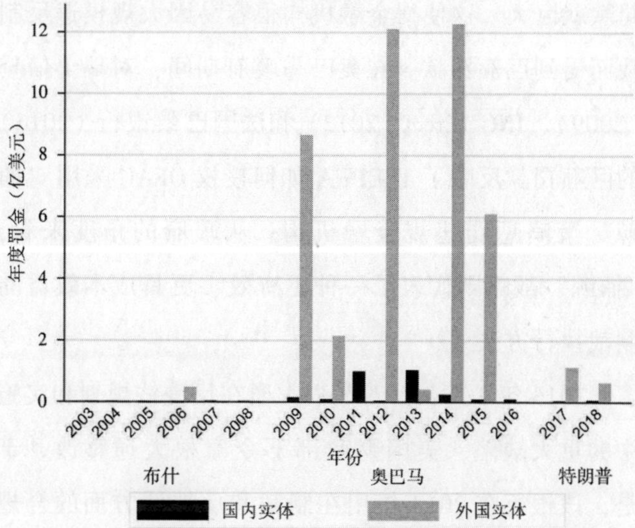

图 5-1　2018 年 OFAC 执法行动年度处罚金额（美元）

如上图所示，从 2003 年至 2018 年间，通过 OFAC 执法行动对实体征收的总罚款在奥巴马政府时期急剧增加。罚款总额上升的主要原因之一是 2007

〔1〕 https://wp.nyu.edu/compliance_ enforcement/2019/01/30/trends-in-u-s-sanctions-enforcement-during-the-trump-administration/.

年美国国会通过的《国际紧急经济权力增强法》(IEEPEA) 极大地改变了制裁的监管环境：IEEPEA 修改了《国际紧急经济权力法》(50 USC 1705) 的第 206 节，将罚款上限提高到 250,000 美元或“基础交易金额的两倍”。[1] 如果涉案金额巨大，法律允许的罚款就巨大。这使得金融机构很容易因大规模违反制裁而受到巨额罚款。在奥巴马政府期间，对瑞士信贷(2009)、ING Direct (2012) 和法国巴黎银行 (2014) 的巨额罚款反映了 IEEPEA 如何授权 OFAC 采用“捕鲸”策略惩罚违规金融机构；从政府的角度来看，“捕鲸”战略则代表了一种更有效、更具成本效益的制裁执行方法。[2]

2013 年 2 月，针对摩根大通在反洗钱规划和实施中的重大缺陷，美国财政部下令摩根大通整改。于是，该银行在 2014 年用在制裁和反洗钱方面的合规费用就达到 20 亿美元。

律商联讯和道琼斯合规公司关于制裁、反洗钱和投资风险监控的部门空前扩张，他们收集的情报信息越来越广泛和及时。这表明，国际性大银行和企业面

---

〔1〕 https：//wp. nyu. edu/compliance_ enforcement/2019/01/30/trends - in - u - s - sanctions-enforcement-during-the-trump-administration/.

〔2〕 同上。

对巨额罚款和刑事后果愿意付出相应的成本。罚金有多高，银行愿意付出的成本就有多高，因为罚金仅仅是惩罚的一部分，还有名誉损失、股票损失、市场损失等。早在2004年，美国货币控制办公室（OCC）和FinCen对一个高端的华盛顿私人银行Riggs罚款2500万美元。该银行在业界享有盛名，主要为外国使馆和外交官提供服务。根据美国政府文件，该银行缺乏合格的制裁反洗钱措施，没有对价值9800万美元的可疑交易上报。[1] 罚款小事一桩，但是对于服务高端客户的Riggs，声望丧失是致命一击。之后客户相继离开，最后Riggs不得不卖给位于匹兹堡的PNC银行。[2]

麦肯锡公司研究了2005年到2018年的金融制裁和反洗钱案件，发现：

——在罚款公告发布当天公司股票平均下跌6%；

——禁停令中要求的建立新方案、重新遴选外部供货商等措施花费巨大；

——未来18个月内在违规事件补救措施上的花

---

〔1〕 U. S. Department of Treasury, "FinCEN Assesses $25 million Civil Money Penalty Against Riggs Bank N. A. ", https: //www. fincen. gov/news/news-releases/fincen-assesses-25-million-civil-money-penalty-against-riggs-bank-na.

〔2〕 Fred Barbash, " Riggs Bank Sold to PNC Financial Services Group", http: //www. washingtonpost. com/wp-dyn/articles/A54380-2004Jul16. html.

费通常是罚金的12倍。[1]

不难想象，金融制裁比贸易制裁更有力，且能够在很短的时间内就产生效果。对很多金融法律法规不健全的经济体来说，定向金融制裁更为致命，如索马里、苏丹、津巴布韦等国；对大国也能很快造成伤害：2014年，有超过1500亿美元的私营部门资本离开俄罗斯以避免金融制裁风险，是2013年的两倍多。[2]

金融制裁比贸易制裁更有力，且能够在很短的时间内就产生效果。

下面我们来重点看看几个金融制裁的例子。

俄罗斯

2014年开始，数十家与俄罗斯政府关系密切的公司和俄罗斯精英受到欧盟和美国实施的金融、贸易和旅行制裁。

欧盟和美国在从2014—2015年间至少出台了20多项针对俄罗斯的制裁举措，其中包括关键的采油设备“出口禁令”。研究估计，这样的出口管制在10年之内

〔1〕 Joshua Fruth, “Anti-money laundering controls failing to detect terrorists, cartels, and sanctioned states”, https://www.reuters.com/article/bc-finreg-laundering-detecting/anti-money-laundering-controls-failing-to-detect-terrorists-cartels-and-sanctioned-states-idUSKCN1GP2NV.

〔2〕 https://www.tandfonline.com/doi/abs/10.1080/03050629.2015.1041297.

效果有限，因为它针对的是页岩油、深水油和北极油，而这类项目本身很少有计划在 2025 年之前投产的。

但是，金融制裁的影响却似乎立竿见影。[1] 研究估计，金融制裁造成的资金短缺和交易屏障会导致俄罗斯石油产量下降，预计到 2025 年，俄罗斯石油产量会下降 7%。但实际上，当我们回过头看过去这些年的数据，俄罗斯的石油产量实际上并没有下降（如下图），重要原因之一是金融制裁对利率、卢布汇率造成更为严重的负面影响，卢布瞬间暴跌，石油出口价格也相对降低，促使外国对石油的购买量增加。虽然欧美的需求量减少，但中国等亚洲国家的需求量明显增加，因此产量也随之增加。

金融制裁对利率、卢布汇率造成更为严重的负面影响，卢布瞬间暴跌，石油出口价格也相对降低，促使外国对石油的购买量增加。

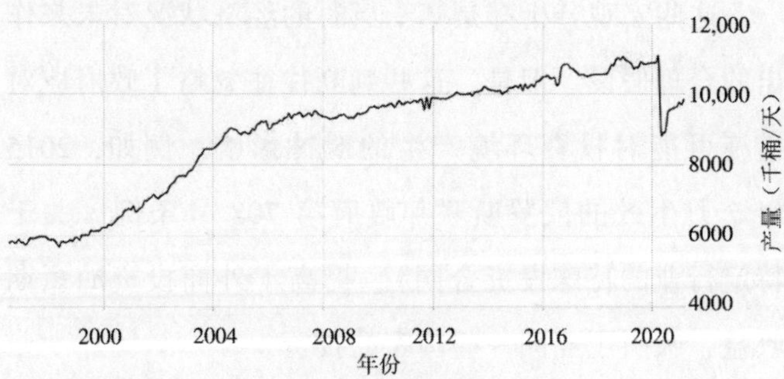

资料来源：美国能源信息管理局。

图 5-2　俄罗斯原油产量

〔1〕 https：//papers. ssrn. com/sol3/papers. cfm？abstract_ id = 3023169.

制裁初期，俄罗斯经济学家们试图评估西方金融制裁对俄罗斯经济的影响，认为制裁通过严厉限制外国资金使受制裁的国有银行、石油、天然气和军火公司受到直接影响，[1] 并通过减少外国直接投资恶化整个市场环境和融资条件，使未被制裁的公司也受到间接影响。Ahn 和 Ludema 发现，俄罗斯公司的发展受到制裁的严重影响，平均损失四分之一的销售额。[2] 据俄罗斯经济学家估计，2014—2017 年总资本流入约减少 2800 亿美元；但是，俄罗斯公司通过自我调整，包括用过去积累的资金还债等措施，大大降低了制裁对净资本流入的负面影响；到 2017 年，制裁会使俄罗斯 GDP 下降 2.4%。[3]

这些宏观分析都是基于当时的经济状况对未来作出的合理假设。但是，这些判断往往忽略了政府应对措施可能对投资环境产生的对冲影响。例如，2015 年 7 月生效的俄罗斯联邦政府第 708 号条例《关于特定行业的特殊投资合同》，提高了外商投资的短期收益，吸引了亚洲一些国家的投资。

有研究者总结了俄罗斯应对西方制裁的具体战略

---

[1] https://www.sciencedirect.com/science/article/pii/S2405473916000039.

[2] https://www.ncbi.nlm.nih.gov/pmc/articles/PMC7518878/pdf/main.pdf.

[3] https://www.sciencedirect.com/science/article/pii/S2405473916000039.

和其他国家的反应，主要分析“进口替代”“外国技术本土化”“转向亚洲寻求资金和市场”“被迫对亚洲公司敞开大门、出售油气公司的股份”等等。我们来看看这位研究者的发现。[1]

一、技术和设备

这位研究者发现，为了应对西方国家对能源行业的金融制裁和技术限制，俄罗斯政府首先发起了进口替代计划，并提供了近3,750亿卢布的财政支持，俄罗斯还通过国家信贷额度和对特殊投资合同有利的采购规则对其提供支持。俄能源部宣布它将补偿“试点工业”成本的50%，并补贴重工业成本的10%。俄政府还启动了各种协调中心，以推进进口替代进程。2015年，“科学与油气设备发展技术委员会”成立了包括设备等关键领域在内的14个专家组，用于海上项目、海底生产综合体、天然气运输技术与设备和天然气液化技术的交流和协调。信息中心、逆向工程中心以及石油天然气替代中心的建立，旨在促进能源公司之间的沟通，协调投资项目，以避免不必要的平行替代。

〔1〕 https：//library. oapen. org/bitstream/handle/20. 500. 12657/28135/1001859. pdf? sequence = 1#page = 106.

但是，这种计划经济模式的进口替代计划几乎没有取得多少进展。

除了俄罗斯能源公司 Gazpromneft 成功开发页岩油“全循环水力压裂”等一两个特例，大多数的替代品集中在低端技术领域，不需要对研究和开发进行重大投资。有的重大进展，如卢克石油公司在西西伯利亚成功实施“多级水力压裂”技术来开采页岩油，提高了石油采收率，是一项重大进展，然而这一技术是从美国的油田服务提供商斯伦贝谢那里买来的，算是外国技术的本土化。俄罗斯天然气工业公司 Prirazlomnaya 海上平台是唯一参与北极石油开采的平台，然而该平台的组件 90%是进口的。

为了处理和解释地震数据，Gazpromneft 开发了俄罗斯首个综合数据平台 Prime，但是，俄罗斯国有企业，包括 Rosneft、Roscosmos、Rosnano、Rostec、俄罗斯国家原子能公司、俄罗斯铁路和 VTB 银行，仍然首选外国产品。他们喜欢使用 SAP、Oracle 和其他国际领先 IT 公司的软件。使用国产技术的公司，由于同类国产技术往往不能完全匹配公司要求或不具备市场竞争优势，许多项目被延迟。

例如，Novatek 决定采用俄罗斯技术，导致其第 3 个液化天然气工厂的运营能力受限，最终不得不调整公司生产目标。另外一个很重要的技术——大功率燃气轮的国产化技术仍然没有取得进展，尽管政府将大量资金投入了红星造船厂和俄罗斯石油公司的“进口替代旗舰项目”，但还是需要外国合作伙伴的技术支持。红星造船厂获得了 40 多个订单，包括用于 Novatek 北极的 17 艘液化天然气冰船 LNG 2，但由于缺乏专业技术，成本大增，其价格比国外订购的船只更为昂贵。对此，俄罗斯政府承诺“弥补成本差异”，以确保国内生产持续，扶持技术成长。

该研究者认为，国产化失败的原因多种多样，主要有长达十年的研发疏忽、部门间协调合作不畅、权力寻租事件多发等。2015 年，只有 9% 的俄罗斯能源公司大力投资研发。受制于俄罗斯国内商业环境和产品的高成本，公司不愿意投资技术研发，造成恶性循环。进口替代方案协调不力也导致效率低下。在许多情况下，协调不力导致相同类型的生产项目多重启动，而忽视了其他类型的项目。俄罗斯政府指定的企业享有获得国家资源的特权，并获得了最大份额的国家合同，比如 Gazpromneft 的“催化系统”项目，而中小型公司则只能靠边站。

除了国产技术发展滞后，国内能源巨头的互不合作也是大问题。俄罗斯石油和诺瓦泰克拒绝加入 Gazpromneft 发起的液化天然气项目“单一工程中心”倡议。该倡议旨在建立一个单一的 EPC（工程、采购和施工）中心，横跨整个生产周期，以提高效率。但是面对国内激烈竞争，俄罗斯能源巨头都不情愿共享专业技术和知识，因此不参与这一中心。相反，Novatek 宣布与法国 Technip 合作开发；Rosneft 虽然支持该中心的想法，但反对强制性加入。

最后，进口替代计划的优惠待遇还形成了对国家和私人行为的负面刺激。由于缺乏监控，该计划刺激了寻租和腐败问题。2014 年到 2018 年，俄罗斯国内一些生产商故意夸大本国商品的制造成本，并向国家要求更多补贴。

该研究者认为，进口替代进展不大，迫使俄罗斯政府改弦更张。一方面，俄罗斯对自己重新定位——进入非西方市场成为长期策略，其中转向亚洲至关重要。另一方面，因俄罗斯公司在尝试后确定无法生产国产大功率燃气轮机、动力机，政府决定放宽本地化要求，以便从西方生产商那里获得技术。于是，直接进口和技术本土化相结合成为进口替代问题的典型解决方案。由于外国公司在俄罗斯的子公司被豁免制裁，因此，西方和亚洲公司都渴望参与进来，在俄罗斯的市场中分一杯羹。

由于外国公司在俄罗斯的子公司被豁免制裁，因此，西方和亚洲公司都渴望参与进来，在俄罗斯的市场中分一杯羹。

通过向俄罗斯提供设备和服务，亚洲国家不仅缓解了制裁的影响，还促进了俄罗斯能源项目的运营和可持续发展。中国中海油田服务有限公司取代西方公司，成为著名的钻井钻机供应商；烟台杰瑞石油服务集团在俄罗斯市场的份额达到 45%。虽然中国设备不一定能完全满足俄罗斯北极和东西伯利亚地区的高难度钻井要求，但随着时间推移，中国的技术已显著改进，可用于海底开发和难度较大的资源开采。

过去 10 年，俄罗斯最大的两个海上油田都是使用中国半潜式钻井平台发现的。另一台在北极作业的钻井平台——俄罗斯天然气工业股份公司 Arkticeskaya——在新加坡进行维修。韩国造船公司为俄罗斯北极项目提供了世界上最尖端的、环保型燃气动力油轮的造船技术。Novatek 用于亚马尔液化天然气运输的 15 艘液化天然气船是由中国的大宇造船和海洋工程公司（DSME）建造的，而韩国的现代重工和三星重工与俄罗斯石油公司的 Zvezda 船厂签署了技术转让协议，用于为北极 LNG 2 建造 17 艘运输船。这些合作伙伴为建造 LNG 模块化工厂提供了专业知识和技术。

二、融资

除技术和设备以外，亚洲国家还为俄罗斯被制裁的行业提供了大量资金，缓解了西方金融制裁对俄罗斯公司造成的融资压力。

该研究者发现，有政府背景的亚洲信贷机构成为向俄罗斯提供金融支持的主要来源。[1] 俄罗斯与西方金融体系逐渐脱钩，但得到中国国家开发银行（CDB）、丝路基金、中国进出口银行、日本国际合作银行（JBIC）和韩国进出口银行的投资和信贷。这些措施减轻了金融制裁的负面影响，并向各自国家的私营部门发出了积极的信号。例如，中国国家开发银行、中国进出口银行及丝路基金、日本国际合作银行和韩国进出口银行都提供了贷款，并带动了相当数量的外商投资。中国政府的支持为亚马尔液化天然气项目的启动和预算提供了保障。同样，日本国际合作银行也向被制裁的银行 Novatek、Sberbank 和 Transneft 提供了几笔贷款。

可见，体现国家意志的亚洲银行都在抓住机会，分散西方金融系统和中东石油集中化带来的风险。

可见，体现国家意志的亚洲银行都在抓住机会，分散西方金融系统和中东石油集中化带来的风险。

〔1〕 https：//library. oapen. org/bitstream/handle/20. 500. 12657/28135/1001859. pdf?sequence = 1#page = 106.

与有政府背景的银行相比，由于害怕美欧的制裁处罚，亚洲的私有银行等金融机构不愿放贷，除非其所在国家的政府保证补偿他们因制裁而可能遭受的损失。投资公司也经常对西方限制性政策采取“过度合规”的做法。例如，日本公司拒绝购买俄罗斯石油公司、远东液化天然气公司、东方石化公司和 Zvezda 造船厂的股份，日本和韩国的能源巨头都在犹豫是否要收购北极 LNG 2 的股权。最终，在日本政府机构日本石油天然气和金属国家公司（JOGMEC）参与以后，包括三井物产在内的私有投资公司同意参与 Novatek 的北极 LNG 2 项目。

亚洲资金在俄罗斯能源项目中的重要性已经逐渐显现：中国石油天然气集团公司和丝路基金收购 Novatek 的亚马尔 LNG 和北极 LNG 2 的大量股份；北京燃气购买了俄罗斯石油公司（Rosneft）旗下的 Verkhnechonskneftegaz 20% 的股份；中国石化入股俄罗斯最大的石化公司西布尔公司；印度 ONGC Videsh 收购了 Rosneft 旗下 Vankorneft 的股份；日本三井物产和 JOGMEC 收购了北极 LNG 2 10% 的股份。

俄罗斯和一些亚洲国家还采用了另一种办法来减少美国制裁带来的金融风险，即共同设立“政府间投资基金”“替代性财务安排”。据报道，“俄罗斯直接投资基金”（RDIF）与中国、韩国、印度、日本、泰国和越南等国家建立了政府间投资基金。RDIF 和 JBIC 设立了 10 亿美元的投资基金，用于能源、远东工业和技术开发。为了应对资金短缺，俄罗斯石油公司与中国石油贸易商进行预付款安排，中国预先付款，俄罗斯在后期进行石油交付。经济去美元化进程加快，俄罗斯与中国进行货币互换，与中国金融机构合作推出“人民币清算服务”。俄罗斯推出的金融信息传输系统覆盖了国内汇款的 18%，同时逐渐将其覆盖网络扩展到其他国家。俄罗斯一直在考虑与中国国际支付系统合作，并将其使用范围扩展到土耳其和伊朗。

三、市场

该研究者观察到，除了提供技术设备和资金这两大要素支持以外，亚太地区正在加速成为俄罗斯重要的能源消费市场。[1]

在西方制裁下，俄罗斯的石油既然不能卖到西方，那么就向东方卖，这样做其实很简单。尽管是后来者，俄罗斯也已成功在亚太能源市场站稳脚跟。

---

〔1〕 https：//library. oapen. org/bitstream/handle/20. 500. 12657/28135/1001859. pdf? sequence = 1#page = 106.

2016—2017 年，俄罗斯超过沙特阿拉伯成为中国最大的年度原油供应国，并有望成为下一个十年中国天然气的主要供应商。到 2035 年，俄罗斯期望对亚洲的碳氢化合物（石油、天然气等）出口增加到总出口的 20%—25%，到 2040 年将进一步上升至 32%—36%。作为俄罗斯实质性转向东方的例证，Novatek 计划将其北极 LNG 2 的石油天然气 80%—85%运往该地区。

最后，该研究者认为，俄罗斯能源巨头变得越来越依赖中国的资金、设备、服务和市场。[1] 事实上，中国在非西方国家，尤其是“一带一路”沿线国家的影响力越来越大，源于中国巨大的购买力和产能输出，俄罗斯是这个趋势的一个生动体现。

下面，我们再来看看西方针对俄罗斯金融行业制裁的效果。

有研究考察了 2014 年至 2019 年俄罗斯银行业应对西方金融制裁的相关措施。该研究发现，被制裁的银行和潜在银行调整了其国际和国内的风险敞口（risk exposure）。[2] 与其他同类银行相比，这些银行

---

〔1〕 https：//library. oapen. org/bitstream/handle/20. 500. 12657/28135/1001859. pdf？ sequence = 1#page = 106.

〔2〕 https：//papers. ssrn. com/sol3/papers. cfm？ abstract_id = 3846165.

听到制裁风声后立即减少了其海外资产储备，以防止被冻结。然而，为了应对国内存款人的大量取款，目标银行同时扩大了对外负债。然而，一旦制裁落地，有关银行不仅进一步减少了对外资产，也减少了对外负债，总之是减少了国际业务往来（主要是欧元和美元）。尽管俄罗斯政府出台了一系列的支持措施，受制裁银行仍然大幅缩减了对国内企业部门的贷款，由此给国内 GDP 带来至少 4% 的潜在损失。但是，与此同时，受制裁银行增加了几乎相同幅度的家庭贷款，进而部分抵消了 GDP 损失。

另有研究发现，制裁使得俄罗斯银行业越来越依赖来自俄罗斯中央银行的支持，这可能会增加经济增长质量的潜在风险。[1] 据悉，俄罗斯政府充当了最后贷款人——2016 年至 2018 年，政府对银行业的资助从 35.5 亿美元增加至 84.4 亿美元。

面对西方金融制裁，俄罗斯政府开始引导俄罗斯经济去美元化，以减少对西方金融机构和美元的依赖。

面对西方金融制裁，俄罗斯政府开始引导俄罗斯经济去美元化，以减少对西方金融机构和美元的依赖。以美元计价的外债份额减少，欧元、人民币和黄金在俄罗斯主权财富基金中的份额大幅增加。外国商品和服务供应商需接受卢布付款；欧元被选为一种较

〔1〕 https://www.tandfonline.com/doi/abs/10.1080/10611991.2016.1200389.

为安全的替代方案。2019 年中俄双边贸易美元结算比重从过去的 90% 跌到 50%，而欧元的使用则从 2018 年的 7.3% 上升到 2019 年的 21.9 %。尽管传统上石油交易以美元计价和结算，而美国和欧盟之间的跨大西洋裂痕也促使欧盟减少对以美元为中心的金融体系的依赖，而俄罗斯和中国的银行当时都没有使用主权货币进行大规模国际结算的经验，欧元因此被认为是最可靠的选择。[1]

目前，这个情况已在改变。中俄央行数字货币陆续落地，欧盟宣布建立以欧元计价的原油价格基准，并增加欧元在石油交易中的份额，这些举措都在削弱美元的中心地位和随之而来的权力。2018 年美国退出伊核协议以后，迫于美国单方面对伊制裁的压力，没有一家欧洲商业银行愿意在美国给定的石油交易宽限期以外为之做美元或欧元结算。英、法、德急需石油、天然气，于是 3 国组建了一个支付系统，即“特殊用途支付系统”，专门为同伊朗的石油贸易做结算，以规避美国制裁。这个贸易交换支付系统（The Instrument in Support of Trade Exchanges，简称“INSTEX”）

---

〔1〕 https：//library. oapen. org/bitstream/handle/20. 500. 12657/28135/1001859. pdf？ sequence = 1#page = 106.

设置的初衷是规避美国制裁伊朗石油交易的风险，现阶段却只用于支付美国原本就准许的人道主义物资交易，包括药品和粮食等，以避免和华盛顿直接对抗。现在美国制定的伊朗石油贸易宽限期已过，INSTEX没有宣布要接管石油贸易支付，而且被广泛批评缺乏反洗钱机制。

现在美欧修好，INSTEX 的发展受到更少关注。但是，随着欧洲民众越来越不相信美国选民，担心出现下一个特朗普，他们认为欧洲的安全策略应该倾向于努力推进此类金融基础设施，不管是基于区块链还是通过其他途径。

对于西方的能源和金融制裁，俄罗斯的这些应对措施是否有力地抵消了西方制裁对其经济的巨大影响呢？以有限的因素推测宏观经济表现，总是会有很多陷阱的。但是我们仍然可以从宏观数据中看个大概。2014 年后俄罗斯以美元计价的 GDP 的确遭到了重创。如下图，从其历史高点来看，俄罗斯 GDP 一直在缩水，近年来虽有好转，但又受到新冠肺炎疫情的明显影响。

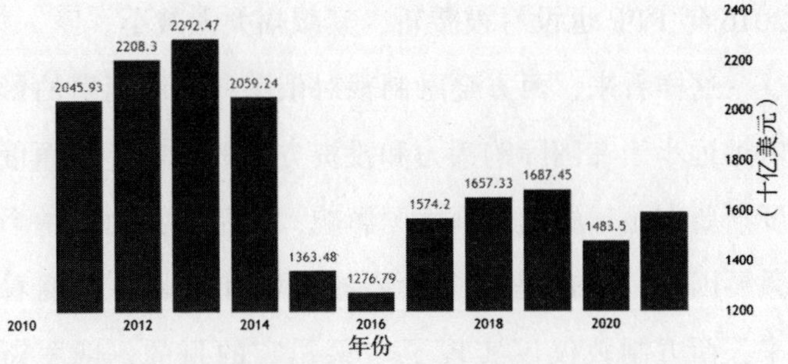

资料来源：世界银行。

图 5-3　俄罗斯国内生产总值（以美元计算）

需要说明的是，由于俄罗斯卢布跳水，用美元计价的 GDP 并不能真实反映制裁对其经济增长的影响。但是以 2014 年前后购买力平价（PPP）对比衡量的俄罗斯 GDP 水平会给读者一个更全面的视角。下图表明，从国内生活消费水平来看，俄罗斯的经济相较 2014 年前的最高点已经有了长足的发展，2015 年到

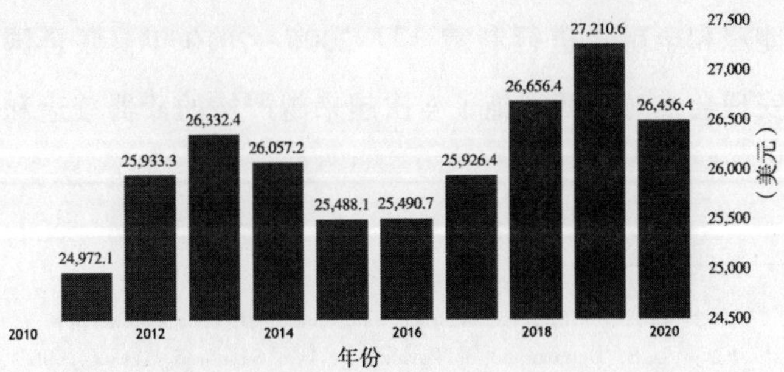

资料来源：世界银行。

图 5-4　俄罗斯人均国内生产总值（以购买力平价计算）

2016 年 PPP 也没有被腰斩，其减幅大大减小。[1]

这样看来，西方金融制裁对俄罗斯国内消费的影响远远小于在国际购买力和投资方面的影响。然而俄罗斯要在全球继续发挥大国影响，国际购买力是一个重要因素，制裁是一个重要的牵制和威慑。短期看来，西方制裁仅仅实现了“惩罚”的目的，俄罗斯的大政方针并没有多少改变。但长期看，如果西方持续打压，俄罗斯的国际影响力将会被削弱。

西方金融制裁对俄罗斯国内消费的影响远远小于在国际购买力和投资方面的影响。

伊朗

从 1995 年起，美国对伊朗进行了多次贸易限制和投资制裁。[2] 2010 年，美国国会通过立法对伊朗能源和金融业进行制裁。[3] 2006—2010 年，联合国安理会也对伊朗实施了 4 次越来越严格的武器禁运和

〔1〕 https://tradingeconomics.com/russia/gdp-per-capita-ppp.

〔2〕 U.S. Department of Treasury, “Iran Sanctions Act of 1996”, https://www.treasury.gov/resource-center/sanctions/Programs/Documents/isa_1996.pdf.

〔3〕 U.S. Department of Treasury, “Comprehensive Iran Sanctions, Accountability, and Divestment Act of 2010”, https://www.treasury.gov/resource-center/sanctions/Documents/hr2194.pdf.

金融制裁。[1] 联合国一边制裁伊朗，一边由中、法、德、英、美、俄6国出面与伊朗就核问题进行谈判。2009年，奥巴马总统表示，如果伊朗同意放弃发展核武器，并有说服西方相信其停止核试验的诚意，美国愿意伸出援助之手。然而伊核问题谈判直到2012年都没有取得任何进展。2012年年底，俄罗斯情报机构和国际原子能机构发现伊朗核试验取得重大阶段性成果，已获得接近制造核武器的能力。[2]

2012年美国通过立法赋予总统制裁外国中央银行的权力，包括制裁美国盟友的中央银行，禁止他们为伊朗石油贸易提供金融服务。[3] 只有少数几个国家被豁免，但也必须减少从伊朗的石油进口。同年，欧盟石油禁运生效，禁止金融机构为伊朗石油贸易提供服务。2011年3月，SWIFT拒绝伊朗大多数银行使用其系统。2012年8月，美国要求将伊朗的石油收入保存在托管账户中。

---

〔1〕 Belfer Center, "Sanctions Against Iran: A Guide to Targets, Terms, and Timetables", https://www.belfercenter.org/sites/default/files/files/publication/Iran%20Sanctions.pdf.

〔2〕 Arms Control Association, "Timeline of Nuclear Diplomacy With Iran", https://www.armscontrol.org/factsheet/Timeline-of-Nuclear-Diplomacy-With-Iran.

〔3〕 U.S. Department of Treasury, "National Defense Authorization Act for Fiscal year 2013", https://www.treasury.gov/resource-center/sanctions/Programs/Documents/pl112_239.pdf.

被制裁后，伊朗无法出口石油，即使出口，其获得的收入也无法汇入伊朗。伊朗石油出口从 2011 年的每天 250 万桶降至 2014 年的 100 万桶；到 2012 年，伊朗经济面临两位数的通胀和深度衰退；实际 GDP 增长从 2010 年的 5.8% 下降到 2011 年的 2.6% 和 2012 年的-7.4%；[1] 从 2012 年开始到 2014 年，伊朗出口平均下降 33%，总计损失 1040 亿美元收入。[2] 制裁还引发主权货币大幅贬值，伊朗出现系统性金融风险。自 2010 年以来，伊朗里亚尔贬值 80%。

2013 年，主张合作的鲁哈尼当选伊朗总统。在联合国、美国和欧盟密集制裁的压力下，伊核谈判开始取得实质性进展。2015 年，6 国与伊朗达成协议（The Joint Comprehensive Plan of Action，以下简称"JCPOA"），伊朗摧毁核试验的关键设施，以换取联合国、美国和欧盟放弃制裁。

虽然现在看伊核协议已经名存实亡，但当时金融制裁的确将伊朗逼到谈判桌上并达成放弃核计划的协议。从实施经济制裁到达成政治协议，这是如何实现

虽然现在看伊核协议已经名存实亡，但当时金融制裁的确将伊朗逼到谈判桌上并达成放弃核计划的协议。

〔1〕 https：//www.federalreserve.gov/econres/ifdp/files/ifdp1281.pdf.

〔2〕 Homayoun Shirazi，Karim Azarbaiejani and Morteza Sameti，"The Effect of Economic Sanctions on Iran's Exports"，*Iranian Economic Review*，Vol. 20，No. 1，pp. 111-124.

的？有西方研究者认为，这主要基于两个条件：（1）伊朗的深层政府公司遭受了沉重打击；（2）深层政府公司对伊朗政权有重大影响力。在伊朗经济中占据主导地位的公司大多与深层政府有关。深层政府里有很多人拥有很大的权力和影响力，特别是伊斯兰革命卫队，伊斯兰革命卫队是伊朗的主要军事力量，也是该国经济和政治的关键参与者。[1]

1979 年，伊朗推翻了君主制，建立了一种特殊的政治制度，传统上认为该制度基于两大支柱：神权制（最高领导人为国家元首）和共和制（选举产生的议会和总统）。非民选机构占主导地位，民选机构忠于议会。让西方世界吃惊的是，伊朗的“混合威权主义”对后来的政治变革表现出非凡的“韧性”。[2]

有学者指出，20 世纪 70 年代末至 90 年代初，伊朗遵循类似社会主义的经济政策，包括许多部门的国有化、密集的价格管制、商品配给制、政府直接生产商品和提供服务，以及对国际贸易进行严格管制等。自 20 世纪 90 年代初苏联解体、伊斯兰复兴，伊朗开

〔1〕 https：//www. hoover. org/sites/default/files/research/docs/rassam - vakil _ webready _ rev2. pdf.

〔2〕 https：//www. brookings. edu/blog/order - from - chaos/2019/07/11/four - decades-later-did-the-iranian-revolution-fulfill-its-promises/.

始了有限的经济自由化。2005 年以后，更多部门被指定实行私有化。伊朗议会的研究中心（Iranian Parliament's Research Center）认为，私有化的主要受益者不是私营部门，而是准公共部门。研究中心的委婉说法是，与最高领袖有联系的实体是最重要的受益者。[1]

有研究认为，自 1989 年两伊战争结束以来，伊斯兰革命卫队通过其工程部门 Khatam al-Anbiya 参与了多个重大建设项目。多年来，伊斯兰革命卫队创建了众多公司，主导着伊朗经济的各个领域，并在许多领域中处于显赫地位。[2] 伊斯兰革命卫队对股票市场的参与专注于战略性行业，如采矿、电信、石化和汽车行业。[3] 根据多个专家估计，伊斯兰革命卫队对伊朗经济的控制比例约为 25% 至 40%。[4] 根据这些研究，伊斯兰革命卫队拥有 700 多家公司：有些是由伊斯兰革命卫队创立的，但更多是被收购的。[5]

---

〔1〕 https：//www. federalreserve. gov/econres/ifdp/files/ifdp1281. pdf.

〔2〕 S. Golkar，*Captive Society*：*The Basij Militia and Social Control in Iran*，New York：Woodrow Wilson Center Press / Columbia University Press，2015.

〔3〕 https：//www. federalreserve. gov/econres/ifdp/files/ifdp1281. pdf.

〔4〕 E. Ottolenghi，S. Ghasseminejad，A. Toumaj and A. Fixler，"How the Nuclear Deal Enriches Iran's Revolutionary Guard Corps"，*Working Paper*，*SSRN and FDD*，2016.

〔5〕 https：//www. federalreserve. gov/econres/ifdp/files/ifdp1281. pdf.

有研究分析了伊朗上市公司被深层政府控制的情况后发现，2000 年至 2016 年上市的公司中，有 52 家（接近 15%）直接或间接由深层政府控制：伊斯兰革命卫队拥有 28 家公司，与最高领袖有关的实体有 24 家，合起来，深层政府企业占市值的 23%。[1]

伊斯兰革命卫队多次成为西方制裁的重点打击对象，其控制的深层政府公司成为直接或潜在的制裁对象。

伊斯兰革命卫队多次成为西方制裁的重点打击对象，其控制的深层政府公司成为直接或潜在的制裁对象，影子银行因为涉足石油贸易也成为潜在的制裁对象。如果金融制裁有效，这些公司的风险将大幅上升，股票市场的反应将导致这些公司资本充足率明显降低，而且该风险还会导致这些公司降低杠杆率——一个研究提出了这样的假设，并试图用伊朗股票市场获得的数据去证实。[2]

实际上发生的事情正如他们所料：2011 年至 2016 年间首次面临直接制裁的公司，其资本充足率下降了 2.4% 到 8.3%，并且深层政府公司所受影响更大；第一波制裁解除后又产生了显著反弹，幅度为 5.60% 到 16.85%，但是深层政府公司的反弹较慢、较小，这意味着金融制裁的长期影响不是一时的政策

〔1〕 https://www.federalreserve.gov/econres/ifdp/files/ifdp1281.pdf.

〔2〕 同上。

放松就可以抵消的。该研究也发现，被制裁的公司都降低了杠杆率，其中深层政府公司和军工企业的杠杆率都明显低于均值，反映出他们面对高风险时的保守策略。另外，该研究还发现，被制裁公司的总资本回报率减少了7%，运营资本回报率降低了26%。

可见，西方制裁精准打击了对伊朗国家机器具有实质影响力的深层政府公司，抓住了要害，从而促使伊朗政府进行重大政策调整。当然，伊朗经济对西方石油贸易的依赖性较强、经济体量较小，也是造成其被动的重要因素。

西方金融制裁对伊朗总体经济增长的影响如何？有研究发现，制裁对GDP增长的负面影响在短期内相当突出。[1] 研究者使用伊朗2005年至2017年间的数据和时间序列进行分析，研究了金融制裁对经济增长的影响。金融制裁使伊朗的财政收入大幅减少，迫使其提高利率，从而增加了企业中长期融资成本，并制约其外汇储备，导致本国货币贬值，投资、出口和生产减少，以及通货膨胀加剧、失业增加，这些因素最终导致经济增长放缓。研究发现，在2010年至

---

〔1〕 https://www.econstor.eu/bitstream/10419/228756/1/IES_2021%20Winter_Vol%2051_Issue%201_Pages%201-14.pdf.

2014 年间实施的多边金融制裁对 GDP 增长的影响比其他时期更大。

下图是伊朗以美元计算的 GDP 在 2010 年以后的变化。2012 年美国和欧盟的金融制裁落地以后，伊朗 GDP 下降 20%。2016 年伊核协议生效后虽有所回升，但 2018 年美国退出伊核协议，绕开 SWIFT，单方面实施了历史上最严厉的金融制裁。此后，欧盟国家的国际性大银行都不愿为伊朗石油贸易做结算，导致伊朗 GDP 急剧下降，到 2020 年时，GDP 只有 2010 年的 30%，下降了 70%左右。

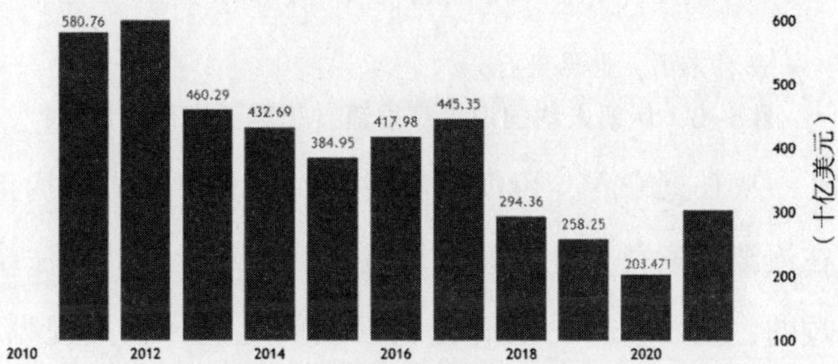

资料来源：世界银行。

图 5-5　伊朗国内生产总值（以美元计算）

由于伊朗里亚尔贬值 80%，使用购买力平价更能衡量制裁对伊朗国内消费的影响。如下图所示，金融制裁的落地和取消都对伊朗国内消费产生很大影响，但下降幅度没有超过20%。[1] 值得注意的是，2016年到2018年伊朗GDP大幅增加，反映出伊核协议达成后西方世界解除制裁给伊朗带来正面影响。但是这个良好的发展趋势在2018年特朗普政府退出伊核协议后戛然而止。

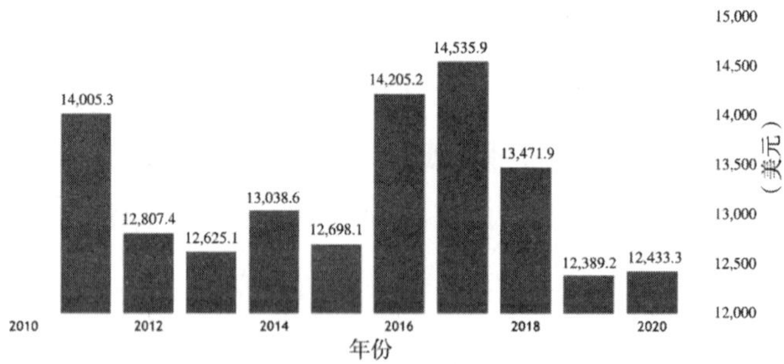

资料来源：世界银行。

图5-6 伊朗人均国内生产总值（以购买力平价计算）

从长远来看，伊朗被制裁的实体和第三方机构正在逐渐摸索替代性方案以绕过制裁。对于一时无法绕过的，如SWIFT，他们会毫无疑问地选择长期规划，发展出革新性的跨境传输方案。但石油币并没有被接受，因为大部分外国投资者不会对一个超级通胀经济的国家投资。当美元仍然是世界上的主导货币时，这些石油输出国发行的加密币影响很有限。

从长远来看，伊朗被制裁的实体和第三方机构正在逐渐摸索替代性方案以绕过制裁。

[1] https://tradingeconomics.com/iran/gdp-per-capita-ppp.

利比亚

利比亚是北非一个富产石油的国家，“阿拉伯之春”发生后，民众对其最高领导人卡扎菲的不满演变为动乱。2011 年这个国家陷入内战，卡扎菲调动军队与反对派武装展开激烈交火。美国财政部很清楚，卡扎菲主要依赖石油收入来获得其支持者的效忠，维持其支持者的奢侈生活以及军队的开支。[1] 由于石油贸易与美元挂钩并具有全球性，利比亚石油收益的很大部分存入了西方国家银行的账户中，这给美国财政部提供了一个很好的实施制裁的机会。2011 年 2 月 25 日，在联合国安理会宣布对利比亚进行全面制裁的前一天，美国财政部争取到奥巴马签署的行政令，迅速采取行动，冻结了美国辖区内 370 亿美元的利比亚主权资金和卡扎菲个人及其家族的资金。2 月 26 日在联合国宣布制裁之后，其他国家也陆续采取

〔1〕 Juan Zarate, *Treasury's war: The unleashing of a new era of financial warfare*, New York: Public Affairs, 2013, pp. 340-370.

行动，利比亚被冻结的资金总额超过500亿美元。[1]在资金生命线被切断的情况下，卡扎菲政权的力量受到极大削弱并在同年倒台，卡扎菲本人也随之殒命。

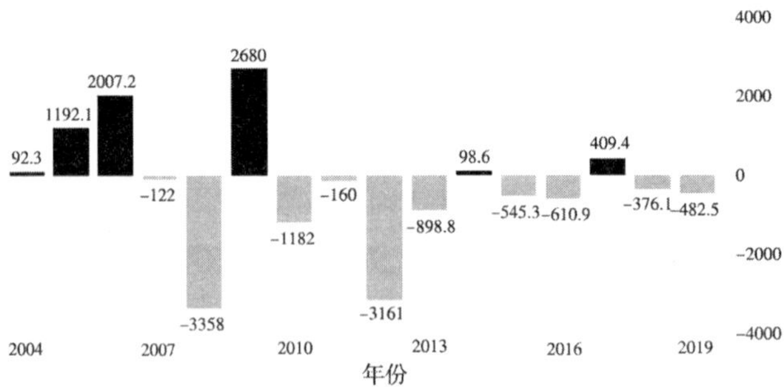

资料来源：全球经济指标数据网、利比亚中央银行。

图5-7　利比亚的外商直接投资

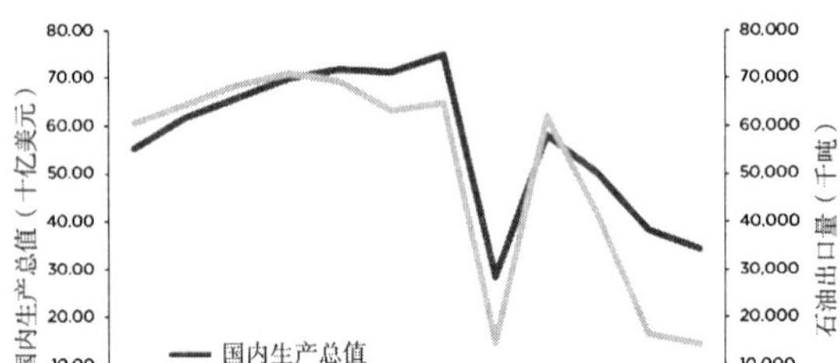

资料来源：国际能源署、世界银行。

图5-8　利比亚国内生产总值（GDP）和石油出口量（2004—2015年）

〔1〕 Juan Zarate, *Treasury's war: The unleashing of a new era of financial warfare*, New York: Public Affairs, 2013, pp. 340-370.

卡扎菲死后，利比亚主权基金等与之有关的机构持续遭到多方联合制裁，利比亚资金大量出逃，这个盛产石油的国家外商直接投资的净值大部分时间为负（如图 5-7）。

2011 年后，利比亚的 GDP 和石油出口在反弹以后仍呈下行趋势（如图 5-8）。接替卡扎菲政权的民选政府很快倒台，利比亚的动荡局面没有任何改善。

最终目标成功率

在本书详细介绍的3个案例中，针对伊朗的金融制裁使得伊朗回到了去核化的谈判桌上，推动了伊核协议的达成。但针对俄罗斯的金融制裁虽然产生一定的效果，但并没有改变俄罗斯对乌克兰的外交政策。对利比亚的金融制裁则达到了推翻卡扎菲政权的目的。由于西方国家在金融领域的霸权，西方金融制裁的第一、第二阶段成功率很高，对实现第三阶段目标的贡献又如何呢？

Hufbauer 和 Elliot 通过 20 世纪 90 年代之前的数据库对金融制裁的成功案例进行了评估，发现金融制裁在 41% 的案例中对于最终目标的实现有不同程度的效果。他们的数据显示，从 1948 年到 1972 年，金融制裁的成功率为 77%，但从 1972 年到 1990 年，其成功率大幅下降到 15%。

金融制裁在 2000 年以后经历了重大的创新，之后其效果又如何呢？美国学者 Rosenberg 等人分析了自 2001 年 9 月 11 日以来美国发起的 22 次金融制裁案件的数据，认为金融制裁在大约 40% 的案例中有效。[1]

即使金融制裁在短期内效果不明显，只要持续打压、重创制裁对象的经济，必定会造成长远的负面影响。

我们在看待这些数字时需要清楚的是，有的金融制裁在设计之初就目标明确，制裁文件中所称的“最终目标”——例如冠冕堂皇的“维护人权”“促进民主”目标是不大可能实现的，其当下的目标实为“惩罚”、打击经济，如对俄罗斯金融行业的制裁，或出于国内政治需要，如对沙特阿拉伯的制裁。但是，即使金融制裁在短期内效果不明显，只要持续打压、重创制裁对象的经济，必定会造成长远的负面影响。因此，40%的有效率实际上并不低。

从更高的层面来说，在当今的国际乱局中，有的国际纠纷除了制裁之外也许只能用战争手段来加以解决，在这种情况下制裁即使无法实现最终目标，也至少推迟了战争的发生。

更重要的是，有效率平均值所呈现的信息有限，更有意义的问题是金融制裁成功的关键影响因素，这些关键影响因素的分布，最终决定了“落在自己头

[1] E. Rosenberg, Z. K. Goldman, D. Drezner and J. Solomon-Strauss, *The New Tools of Economic Warfare: Effects and Effectiveness of Contemporary US Financial Sanctions*, Washinngton. D. C.: Center for a New American Security, 2016.

上”的金融制裁是否有效。

在戳爆制裁那一章，我们讲到美元和欧元在国际货币体系中受到加密币和新兴经济体央行数字货币的冲击，这个过程中最大的输家是跨国贸易公司，他们已经投入大量资金游说西方国家政府，但是难以取得它们想要的效果。

面对金融制裁的脆弱性分野

位于世界金融和经济中心区域的美欧拥有通过金融制裁快速打击他国的强大能力，而搞清楚什么因素会增大被制裁对象的脆弱性同样关键。一个国家面对金融制裁时是否不堪一击，已有诸多分析。我们找出文献中的几个关键性因素，对照实际案例来看。

经济门类和供应链完整性，对进口能源、工业原材料和技术的依赖

自足性越强、对外国依赖性越低的国家越能拿出更强有力的应对措施。

自足性越强、对外国依赖性越低的国家越能拿出更强有力的应对措施。纵观制裁的历史，被经常制裁的国家往往自足性弱。一个供应链和技术比较完善的强大经济体则会展示出强大的韧性。欧洲国家有能源自给性不足的问题，与此同时又对美国金融市场依赖程度高，因此即使是和美国的制裁有利益冲突的时

候，如对伊朗的制裁，欧洲国家在制裁方面的关键行为主体——国际性大银行大多数仍然选择遵守美国的制裁规定。

具有全球竞争力的企业是否被政府或“深层政府”控制

一个国家如果拥有在全球范围内具有强大竞争力的国有企业或政府相关企业，其应对金融制裁的能力就会大大提高。如果一个国家的大银行几乎都是国有或政府控股，应对外国的金融制裁就会有更多的操作空间。我们知道，金融制裁依赖底层银行所提供的客户身份信息，各地的银行与客户共同弄虚作假（或掩盖信息）已经制造了史上最大的制裁案件（巴黎银行案件）和洗钱案件（丹麦银行案件）。除非这些国有银行像伊朗的银行那样被赶出交易系统，否则现在受西方政策界欢迎的“定向金融制裁”——对特定个人或集团的金融制裁，在实施阶段就不大可能奏效。

一个国家如果拥有在全球范围内具有强大竞争力的国有企业或政府相关企业，其应对金融制裁的能力就会大大提高。

然而，如果国有或者“准国有”公司规模有限、力量薄弱、对世界经济的影响力小、被直接赶出交易系统的风险大，那么对这类公司的金融制裁将会直接影响到国家决策的方向，正如我们前文提到的伊朗的情况。

私营机构对政府官员的影响

私营部门在面对金融制裁打击的时候，往往更容易遭受损失。如果商业利益群体或非政府组织对政府官员的影响很大，那么国家在相关政策上就更容易让步。事实上，为了平息民众对他国所谓人权问题的不满，美国总统有时不得不制裁盟国，这体现的是非官方机构对国家政策的影响。另一方面，美国利益群体的游说也在影响政府决策。比如，近 30 家美国最具影响力的商业团体——代表零售商、芯片制造商、农场主和其他组织——目前在呼吁拜登政府重启与中国的谈判，降低进口关税。2020 年，为了表达对特朗普政府禁止微信交易的担忧，苹果公司、福特汽车公司、沃尔玛公司、沃尔特·迪斯尼公司、宝洁公司、英特尔公司、大都会人寿保险公司、高盛集团、摩根士丹利、联合包裹运送服务公司（UPS）、默克公司和嘉吉公司都参加了与白宫的电话会议。更重要的是，这些商业资本的处境也牵涉到千万人的就业，美国政府自然无法忽视。

对境外市场、资本和信贷的依赖

对境外市场和资本依赖程度高且来源相对单一的国家，被制裁的后果更严重。一些石油生产国对石油出口依赖程度较高，如伊朗、俄罗斯依赖石油出口收益、外国开采技术进口以及外国投资，金融制裁对他们来说就能立竿见影。从这一点来说，俄罗斯受制裁的遭遇与中国虽有相似之处，但差异极大。

针对俄罗斯合并克里米亚，西方国家对其能源行业和金融行业实施了制裁，重创俄罗斯创汇的常规途径，对其综合国力的影响很大。

而美国对中国香港有关的特定人物和机构的制裁，相比对俄罗斯的行业性制裁，范围很小。虽然对特定对象的制裁具有二级制裁效应，全球任何金融机构如果与这些人有重大交易，都有可能受到严厉的惩罚，但是，其“触发”机制“语焉不详”，威慑大于实际打击，操作空间故意留得很大。更重要的是，承受金融制裁的能力，中国和俄罗斯也大不一样：中国经济部门种类齐全，从 2008 年以来一直是世界经济增长的火车头，不靠卖自然资源吃饭，因此集中打击某一行业部门的效果对整体经济来说都是有限的，而要对一个健全的经济体“全面开花”，制裁的“子弹”恐怕会不够。

但是中国面临一个俄罗斯没有的问题，那就是热钱快钱的涌入可能引发的金融风险。正如前面提到的，2020年新冠肺炎疫情在全球范围内暴发，作为世界重要投资目的地的中国在疫情防控方面表现颇佳，因此，世界上的大资产管理公司如摩根大通等开始把用于新兴市场投资的钱集中投到中国。海外持有的中国股票相较于2019年增加了62%，达到3.4万亿美元；投向债券市场的资金增加了47%，达到3.3万亿美元。这些突然流入的资产对于中国来说也有相当大的风险，与20世纪90年代末期金融危机之前的情况或许有相似之处。一旦情况有变，希望获得快钱、容易逃逸的外资如果大量撤离，就可能引发金融风险。

从更大的范围来说，资本市场越是高度融合，金融制裁的威力就越大。

从更大的范围来说，资本市场越是高度融合，金融制裁的威力就越大。欧盟国家虽有“阻断法律”敦促欧洲的国际性大银行为伊朗石油贸易做结算，但国际性大银行却置若罔闻，迄今为止欧盟从未执行过其所立之法。这样的尴尬局面只会发生在其金融市场高度依赖美国的情况下。

腐败与国家或地区内部的犯罪行为

这个国家或地区是否有腐败官员与犯罪分子进行权钱交易，是否对现金交易缺乏管制，反洗钱机制是否形同虚设？如果是，那么在这样的国家或地区环境下对特定人物的“定向”金融制裁不会太有效果，综合性金融制裁的有效性则取决于该国或该地区的政治制度和经济力量。

前面谈过的迪拜就是个典型的例子。与东亚的新加坡或者中国香港类似，迪拜已经成为中东的贸易中心，主营石油贸易、贵金属、钻石和其他商品，拥有众多在岸和离岸公司。迪拜慷慨的税收制度鼓励外国企业在阿联酋的 45 个自由贸易区建立经济实体、成立贸易机构。

然而，当地独特的文化特征和操作传统，如离岸金融机构对隐私的文化偏好和宽松的客户尽职调查要求，导致腐败和金融犯罪的大量滋生，尤其是采掘业被广泛认为助长了腐败。[1]

有研究者与 28 名具有丰富经验的国际金融犯罪专家进行了深度访谈。这些专家来自阿联酋、瑞士、奥地利、德国等国，有的曾在四大会计师事务所从事欺诈调查、执法和腐败预防多年，也有从事银行合规的专家和检察院的工作人员，还有奥地利金融市场管理局和德国联邦刑事警察局的相关人员。研究者还与 10 名来自阿联酋、瑞士、意大利、俄罗斯、哈萨克斯坦、奥地利的"金融犯罪嫌疑人"进行了非正式访谈。

这些访谈的主要内容是，受制裁的公职人员是如何利用结构复杂的跨国公司在采掘业交易中逃避金融制裁的。他们认为，目前实施的各种制裁在很大程度上无效。[2] 下面我们来介绍一下这个研究的发现。

迪拜向来以现金密集著称，交易的书面记录很少，这自然会成为洗钱和金融犯罪的温床。更重要的是，阿拉伯国家的文化强调保护个人隐私，因此，合规官员询问个人资金来源等详细细节被认为是"粗鲁"的表现，阿拉伯国家的客户不太愿意与银行分享

---

〔1〕 https：//www.sciencedirect.com/science/article/abs/pii/S2214790X20301489.
〔2〕 同上。

他们的个人信息。相比之下，虽然西方文化也很在乎隐私，但客户对银行保护自己的隐私有一定的信任，当银行就“受益所有人”“资金来源”“预期交易目标”等“了解您的客户”（KYC）信息时大多给予配合。在迪拜，银行工作人员经常发现很难在“客户尽职调查”（CDD）和尊重隐私文化之间找到平衡，尤其是位于自贸区的离岸金融机构，执行宽松的合规政策尽人皆知。

据报道，2019 年，国际非政府组织“军事防御深度研究中心”（C4ADS）表示，迪拜的经济作为一个整体继续保持高度腐败的状态，因为“它对腐败高度容忍和挥霍无度”。

近年来，阿联酋在监管方面出现了向国际标准靠拢的趋势。阿联酋于 2006 年同意加入《联合国反腐败公约》，并于 2010 年通过了《阿拉伯反腐败公约》。然而，阿联酋目前并没有指定政府机构来执行“反外国贿赂”的法律法规。阿联酋刑法于 2018 年修订，扩大了反腐败的范围，其贿赂条款现在具有域外效力，包括外国公职人员的贿赂行为，其反腐败和反贿赂规定现在更接近国际主流的制度安排。此外，在反洗钱方面，阿联酋于 2018 年通过第 20 号联邦法律，改进了打击金融犯罪的法律框架，并针对加密货币洗钱作了新的规定。在国际上，阿联酋加强了与美国财政部的合作。但是阿联酋沿用的是欧盟的通用“报告”标准，要求机构提供有关“非居民账户”及其“受益人”的信息、欧盟及其他国家税务机关的信息。

但是，为了吸引外资，尤其是反洗钱比较松懈的国家的资本，上述法律法规在其 45 个自由贸易区统统不适用。这一点很关键。注册在“迪拜国际金融中心”（DIFC）的公司不需要缴纳公司税，也不需要提交年度纳税申报表。最重要的一点是，在自贸区注册的企业可以由“外国人全资拥有”，而只有在多数股权由阿联酋公民拥有的情况下，才必须遵守上述法律法规。因此，迪拜国际金融中心注册的外资实体就不需要遵守阿联酋中央银行的法规和反洗钱措施。如此，迪拜成为全球洗钱和金融犯罪的避风港自然不难想象。

根据采访结果，迪拜的离岸银行账户是逃避金融制裁的中心。任何人都可以方便地在迪拜自由贸易区开设账户，而离岸银行很少追问真正的最终受益人，因为它们不受阿联酋合规性法规的约束。因此，可以找一个“稻草人”作为受益人账户的正式持有人，“稻草人”可以是外地来此工作的菲律宾女佣、司机等等。这听起来也许并不新鲜。在俄罗斯的“Troika自助洗衣店”（Troika Laundromat）洗钱案中，一个叫Troika的投资银行，盗用了从亚美尼亚来莫斯科打工的移民工人身份，用伪造的护照开户并创建了几十个离岸公司，通过伪造的国际贸易层层转账，最终将46亿美元的可疑资金转移到西方。

一位被采访者说，被制裁者可以找到你根本想不到的人作为“稻草人”，包括被制裁者的员工。“你知道，有人会把护照还给菲律宾女佣（一些菲律宾女佣的雇主会没收菲律宾女佣的护照），所以这很容易。”“稻草人”去迪拜自由贸易区的目的之一，是代表被制裁人建立采掘业实体。尽管阿联酋的大部分石油储备都位于阿布扎比，但迪拜也拥有阿联酋约4%的石油和天然气储量。因此，在迪拜自由贸易区有意建立石油交易业务基本上不会引起任何怀疑。

一位被采访者说，被制裁者可以找到你根本想不到的人作为“稻草人”，包括被制裁者的员工。

开户并注册公司后，“稻草人”会使用合法和犯罪的资金来支付启动资金，把大量资金转移到专有银行账户。他们的账户至少已持有3个月的时间，并且保证余额不低于300,000美元，以此减轻潜在的合规核查。为了进行货币转移，被制裁者通过“稻草人”进行“高开收据、实际转移金钱”的操作。由被制裁者将看似无害的货物运到另一家公司，开具的发票交易金额比实际提供的产品价值高很多，中间的差价就是规避制裁而洗白的钱。

虽然被制裁者国内银行账户被冻结，但是他们可以访问存储在迪拜“离岸账户”中的大量资产。即使银行的合规部门对此产生怀疑，银行也不太可能找到真正的受益所有人。据说，使用这样的“稻草人”公司非常容易。阿联酋的自贸区大部分位于迪拜和其他较小的酋长国，任何人都可以在那里用少量现金快速、轻松地成立一家公司，获得一个银行账户。

例如，一家瑞士公司可以在迪拜设立一家前台公司，这将有助于其快速开设其他银行账户，让“稻草人”出面去跟银行、公证处和地方当局打交道，完全可以把背后的受益所有人隐藏起来。一旦网络建立，被制裁者就可通过迪拜的前台公司开始做被禁的商品和服务贸易。通常，在这些公司网络中，合法和虚构的服务被故意混淆在一起，真假难辨。采掘业的服务范围广泛，从餐饮、运输到生产过程，“战线”很长，因此，在规避制裁方面的操作空间大。

规避制裁者可以派一个人在瑞士提供一种合法服务，名义上在迪拜的分公司中也有此类服务，但是迪拜的服务是伪造的。在合法服务的幌子下，迪拜这边用伪造的发票结账，就能把钱从瑞士转到迪拜。例如，被制裁者可以把违禁石油运送给购买者，让购买者以其他合法名义在瑞士付账，付账以后再通过虚假发票将瑞士的钱转到迪拜的离岸账户。如果当局要进行肤浅的合规调查，他们就在瑞士找个真正的服务对象来应付调查，因为他们在那里的确存在合法的生意。同时，他们善用“任务的复杂性”“技能的专业性和复杂性”“谈判”等来让虚高的价格显得合法。不管怎么操作，他们会确保发票和操作达到行业的一般标准，以避免引起监控或调查部门注意。与俄罗斯“Troika 自助洗衣店”洗钱案使用季节性打工者的护照、把他们描述成大佬来欺骗银行不同，这些深谙合规操作的被制裁者会尝试雇用与职位描述相符的“稻草人”、建立专业网站、租用办公室等方式，创造一个“不可疑”的设置，“才能骗到一个高度专业的金融中心为您提供您想要的一切”[1]。

可见，阿联酋的迪拜作为中东的金融和贸易中心，既有戳爆制裁的底气，也有相配套的自由贸易区等宽松的制度设置，长期以来就顺理成章地成了一个洗钱和规避制裁的中心。包括美国在内的西方世界在面对它们在中东的这个盟友时，可选择的操作空间并

〔1〕 https：//www. sciencedirect. com/science/article/abs/pii/S2214790X20301489.

不大，即使施以高压，迪拜现在也有比过去更多的渠道来对付西方的金融制裁。

有被制裁风险的国家，将其金融板块做多、做大、做强，是应对制裁风险的最有力武器。

最后，一个国家对金融制裁的抵御能力还与其金融板块的实力和稳定性、货币的强弱、外汇储备的种类和金额、主权基金的规模、银行偿付能力、风险敞口和对全球信贷与金融服务的依赖性有关，与代理银行机构和集中性也有关。制裁实施者在制定制裁政策的时候，会据此评估被制裁对象的脆弱程度：如果被制裁对象不堪一击，那么该制裁就会成为一个有效的工具，反之亦然。有被制裁风险的国家，将其金融板块做多、做大、做强，是应对制裁风险的最有力武器。

第六章

未来图景

未来世界中的中国

面对中国等新兴经济体带来的强大挑战，西方国家政府开始更多地参与到对关键性技术和市场的长远干预中。欧洲的“芯片计划”和美国的“无限前沿”立法都体现了这一趋势。美国的大型跨国公司如脸书（Facebook）一直在向国会抱怨反垄断法和多种限制会将美国的跨国公司置于国际竞争的败局之中，但是在特别强调私权的英美国家，要推动反向立法阻力如山。

以中国为代表的金砖五国虽然有很多历史遗留问题，人均 GDP 一时不会赶上欧美发达国家，但是其整体的经济力量已经可以影响世界银行、世界贸易组织、国际货币基金组织等国际组织，自然会要求改变这些国际组织过时的规则，以使其向有利于新兴经济体的方向发展。美中贸易争端和新冠肺炎疫情造成的巨大不确定性，中长期会促使一些国家分散对中国的风险敞口。正如媒体报道的，日本已经采取具体步骤从投资、产业链布局上减少对中国市场的依赖，并继续以美国在东亚最强大盟友的身份存在。欧盟也在减少对中国的技术和市场依赖。在以信任为基础的全球化分工合作受到保护主义冲击之后，很多国家都力图在关键技术领域抢占一席之地。世界已经越展越平，没有一个国家能够掌握所有关键领域的主导权，各个领域的交锋与再平衡成为常态。成熟经济体与新兴经济体之间交锋的结果是，现有的国际组织不能像过去那样充分发挥作用，具有相似功能但规则不同的国际机构——像亚投行这样的机构会越来越多。这不是一个铺满鲜花的过程，背后的博弈有可能造成诸多乱局。

世界已经越展越平，没有一个国家能够掌握所有关键领域的主导权，各个领域的交锋与再平衡成为常态。

在现有国际规则中，争议较大的有“自由航行权”“知识产权”“数据隐私权”“武器禁运”“人权”等主要由西方世界主导建立的规则。[1] 但是，更多的博弈将会来自那些对未来世界至关重要、正在形成但尚未制定的规则，如生物科技、人工智能、网络、区块链金融规则。[2] 发达国家和后发国家将会就这些规则的制定锱铢必较。

正如新冠肺炎疫情所昭示的那样，我们所在的世

〔1〕 https：//www.dni.gov/files/ODNI/documents/assessments/GlobalTrends_2040.pdf.

〔2〕 同上。

界将面临极端天气和传染性疾病的巨大威胁。对新冠病毒起源问题的持续溯源，导致了很多阴谋论的出现，新冠肺炎疫情迄今已造成600万人死亡。美国等西方发达国家的死亡率超过了发展中国家，这暴露出深层次的价值冲突以及西方将个人自由和个人权利凌驾于防疫之上的“脆弱性”。这无疑也将西方国家绑到了一起。随着东西方文明的较量，亚洲文明闪光点不断显现并逐渐被世界所认知。当然，西方国家仍然掌握着世界舆论的主导权，西方文明优越论在相当长的时间内仍会占上风。

在当前的中美竞争中，由于两国经济的体量不断接近，且技术门类发展比较齐全，对于人才的竞争将是谁能在未来竞争中抢得先机的关键。中国要想从“人才流出国”成为“人才流入国”，需要进一步提升自身的软实力。这样才能减少人才外流，并吸引海外的人才回流到中国。

在东西方价值和政治经济力量“边打边谈”的碰撞中，被互联网解放了的情绪化、非理性力量被充分释放，形成了巨大的冲击力，一些大国内部极端民族主义情绪飙升。例如，美国一些共和党众议员提出了“对抗中国恶意影响法案”等立场较为极端的议案；有一个共和党参议员甚至说，“凡是忠于中国共产党的旅美华侨都应该被驱逐出境”。这些非理性力量和一些极端媒体共同制造了关于中国的负面叙事，并且在特朗普时期由美国国务院将其推向了极致，给两国关系造成了难以弥合的伤痕。在执政末期，特朗普希望通过破坏中美关系来激怒美国民众，企图为接下来多年的中美关系定下基调。一些西方媒体煽风点火，故意在报道中夸大中国和西方之间的矛盾，导致极端化的阴谋论和言辞在民众中流传，加深了中国和西方之间的隔阂。这会导致很多人对事态的理解趋于极端化、简单化，不利于政治家在国家决策中放平心态，考虑根本利益和长远利益。

被极端化、简单化信息塑造情绪的民众参与历史构建，又恰逢世界秩序动荡不安，使得跨国传媒公司拥有了前所未有的影响。这让传统政治精英的力量受挫。与传统政治精英大相径庭的特朗普被选为美国总统，就是一个典型事例。他把美国继续推向分裂的深渊，令西方国家民众大跌眼镜。但是，虽然特朗普已卸任美国总统，但前文提到的政治、经济、社会等客观环境仍然没有变化，特朗普的诸多政策动议是对于这个动荡的世界秩序的一个极端反应，并将产生长远的影响。

被极端化、简单化信息塑造情绪的民众参与历史构建，又恰逢世界秩序动荡不安，使得跨国传媒公司拥有了前所未有的影响。

有一位西方分析师说，要缓和中美之间的剧烈纷争，就需要欧洲发挥作用，因为欧洲与中美两国都有很密切的联系，并有强烈的动机保持战略中立。我们知道，迄今为止，欧盟一直在追求“战略自主”，在拜登上台之前不顾美国反对，与中国完成了投资协定（这只是欧盟繁琐的法律程序的起点）的谈判。在欧洲人眼里，中国将发展成为世界上最大的经济体，美国会继续作为世界上最大的安全保障国，欧盟则会成为世界上引领国际规则的强大堡垒。[1] 因此，欧盟会在安全上寻求美国的保护，在经济上不放过中国的市场和投资机会。

欧盟与中国联系的紧密程度，与美国相比到底又是怎样呢？我们来看看市场方面的联系。除德国外，欧盟大多数国家与中国的贸易处于逆差状态。2020年第二季度，中国成为德国最大的出口市场，出口到中国的份额相当于德国总出口份额的8%。[2] 可见，除德国以外，大部分欧盟国家对中国市场的依赖低于中国对这些国家市场的依赖。德国也许会成为中美之间相对中立的沟通者，但是德国的利益与大多数欧盟国家并不一致，且欧盟的官僚体系十分复杂，要通过

---

〔1〕 https：//www. chathamhouse. org/sites/default/files/2021-07/2021-07-07-eu-unsustainable-china-strategy-bergsen. pdf.

〔2〕 同上。

一个对各国经济有影响力的法律程序复杂、道路坎坷，因为任何一个小国都可以一票否决一个对欧盟大多数国家有利的议案。这是欧美制度设计中保护小国和小州利益的结果。欧洲理事会给一个人口稀少的小国与德国、法国等大国同等的一票否决权。美国联邦参议院则是由每州二人组成，一个人口不足百万的州与一个人口数千万的州同样拥有参议院两个席位。麦

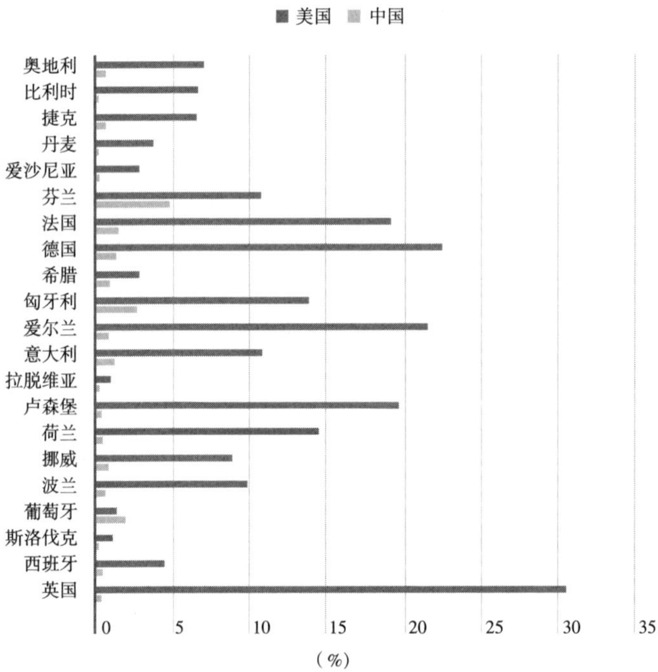

资料来源：经济合作与发展组织。

图 6-3　2019 年中国和美国对欧盟各国直接投资占比情况

康奈尔在参议院混迹几十年，他的经验和资历让他成为参议院共和党领导人，而他却来自肯塔基这个经济落后的人口小州。

欧盟与美国的投资联系也比与中国更紧密。上图是2019年中国和美国对欧盟各国的直接投资，对比可知来自美国的投资远远超过中国。[1]

再来看看欧盟对美国和中国的直接投资（见下图），传递的信息是一样的：大部分欧盟国家对中国的直接投资与对美投资相去甚远。从这两个图中也可以看出英国与德国对中国的战略为何不同。

我们看到的新闻经常有中资企业购买希腊比雷埃夫斯港、葡萄牙电网以及德国一家机器人公司之类的消息，媒体和政客也合力呈现出“中国将要占领中南欧重要基础设施”对西方形成迫在眉睫威胁的画面，但中国对欧盟国家的投资仍然是很有限的，远远少于美国。

除了华为和抖音海外版，欧洲技术市场仍然由美国公司主导，中国互联网公司几乎没有可观的市场份

---

〔1〕 https：//www. chathamhouse. org/sites/default/files/2021-07/2021-07-07-eu-unsustainable-china-strategy-bergsen. pdf.

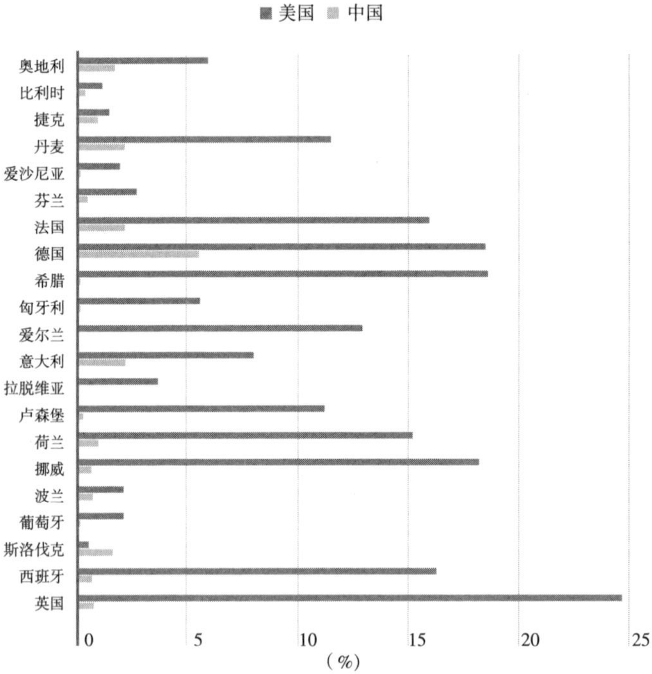

资料来源：经济合作与发展组织。

图 6-4　2019 年欧盟各国对美国和中国直接投资占比情况

额。如果中美在全球高科技领域的标准问题上出现重大的分歧，导致中美技术脱钩，那么欧盟国家很可能继续倾向于与美国合作。[1] 这是美国希望看到的发展方向，也是美国这几年一直在全世界的唾骂声中持续坚持打压华为的一个重要原因。一些西方专家认

〔1〕 https：//www. chathamhouse. org/sites/default/files/2021-07/2021-07-07-eu-unsustainable-china-strategy-bergsen. pdf.

为，欧盟国家在技术领域明显感到来自中国的挑战和“不安全感”。欧盟委员会声称，对全球经济产生影响的 70%的人工智能可能集中在北美和中国，[1] 而人工智能很可能会加深中欧之间的裂痕。2021 年欧盟借口人权问题对中国实施制裁和中欧投资协定被搁置，都是一个不祥的征兆。但是欧洲目前仍然把中国市场视为推动自身发展的最大平台来加以争取，也有一定的动力避免采取与美国相似的恶性竞争和打压策略。

〔1〕 European Commission，“USA-China-EU plans for AI：where do we stand?”，https：//ati. ec. europa. eu/sites/default/files/2020-07/USA-China-EU%20plans%20 for%20AI%20-%20where%20do%20we%20stand%20%28v5%29. pdf.

中国之于亚洲

正如我们在前言里讲到的，全球经济实力和影响力将持续向亚洲倾斜，到2040年左右，亚洲经济体和欧美传统西方的经济总量将会接近。中国与亚洲国家地缘文化相近，又有较强的经济联系，因此，亚洲国家必然是中国对外交往的重要对象。美国拜登政府也在继续推进奥巴马时期的亚洲“再平衡”政策，大力拉拢亚洲的盟友，力图进一步遏制中国。

2021年7月底，赶在中国外交部长出席东盟地区论坛外长会议、商谈升级《全面经济合作框架协议》(RCEP)等重要合作议题之前，美国副总统、国务卿、国防部长、副国务卿访问了多个亚洲国家。

2021年7月27日，美国国防部长奥斯汀在新加坡出席由英国国际战略研究所（IISS）主办的香格里拉论坛上表示，美国势必与中国展开竞争，因为“我们是两个经济大国，我们都拥有令人印象深刻的军事实力”。但是，他同时确认美国不寻求与中国发生冲突。他希望与中国一起应对共同挑战，特别是与气候变化影响有关的挑战。此后奥斯汀在访问越南和菲律宾时也重申，希望与中国之间锁定所谓“军事平衡”关系，以防止区域动荡，东盟国家将不需要在中美的激烈军事冲突中作出艰难的选择。

奥斯汀与新加坡重申了 2019 年续签防务协定的重要性和新加坡空军去美国关岛训练的计划。之后奥斯汀访问了越南，在访问越南之前美国结束了对越南的 301 调查，并向越南提供了 300 万剂莫德纳新冠疫苗。此外，美越还签署了一项协议，让哈佛大学和得州理工大学的技术力量协助越南寻找在越战中失踪的美国人。这个带着礼物来的访问，无疑加强了美国与这个东南亚国家之间的关系。随后，奥斯汀对菲律宾的访问实现了他此行最重要的目的——说服菲律宾总统决定放弃终止与美国的军事同盟关系。

舍曼表示，美国并不希望遏制中国，而是希望中国能继续发展。

7 月底，美国常务副国务卿舍曼在访华时也表达了与特朗普时期有所不同的态度——中美关系作为世界上最重要的双边关系，需要双方坦诚寻找和平共存的方式，美国并不希望遏制中国，而是希望中国能继续发展。

对美国来说，东盟国家没有联合实施关键技术控制的价值。中国是东盟第一大贸易伙伴，他们与中国的经贸联系决定了他们不会完全站到美国一边，而是在中间摇摆。对于这个问题，美国十分清楚，因此公开表示，不会让他们处于左右为难的境地。

7月27日，布林肯国务卿对印度进行访问。布林肯访问的主要目的是在9月份举行一次面对面的美日印澳“四国机制”领导人峰会。直到几年前，印度官员甚至还不愿意提及“四国机制”，而现在印度的立场发生了重大变化，公开地讨论“四国机制”。尽管如此，印度官员仍然不愿将“四国机制”说成针对中国的组织，而将之比作与金砖五国（包括中国）类似的组织。[1] 美国“张罗”的美印日澳四国领导人峰会需要得到其余三国的支持，日本和澳大利亚没有悬念，但印度到8月中旬仍然未传出消息。印度的外交措辞显然很谨慎，不愿意公开惹怒中国，但是印度与中国“既生瑜，何生亮”的情节和长期存在的领土纠纷注定了印度会与美国合作以牵制中国。在峰会举行前9天的9月24日，穆迪总理宣布去美国参加此次峰会。[2]

---

〔1〕 https：//thediplomat. com/2021/07/blinkens-india-visit-goes-off-smoothly/.

〔2〕 https：//indianexpress. com/article/india/in-person-quad-summit-in-us-on-sept-24-pm-to-attend-7507085/.

在对抗性的经济竞争中自健其身

拜登政府对中国的战略是与盟友合纵连横，通过共同的技术限制、金融制裁、贸易制裁等方式削弱中国的竞争力。

拜登政府对中国的战略是与盟友合纵连横，通过共同的技术限制、金融制裁、贸易制裁等方式削弱中国的竞争力。“经济战”“技术战”“电脑黑客战”等将会成为重要的冲突解决方式，也是有效释放破坏性能量的重要方式。在舍曼离开天津后，美方指责中国对微软发起黑客攻击，中方要求美方不要“无端猜测指责”。美国众议院还通过议案，禁止使用联邦资金去购买和生产“将台湾划入中国”的地图。同时，美国证监会就滴滴事件暂停了对中国公司赴美 IPO 的审批，并要研制新的条例来控制此类“境外政策风险”。

中美之间将在一边竞争、一边沟通中重新构建平衡点，在这个过程中也可能“擦枪走火”。正如拜登所说，“黑客战”可能引发热战。实际上，贸易制裁也曾经导致过热战。在第二次世界大战期间，美国对日本的石油禁运并没有让日本停止战争，反而让日本下决心攻击珍珠港。当然，当时的日本已经全面进入战争状态，没有回头路可走。

贸易被视为中美关系的压舱石。一般性的贸易制裁对双方都有很大杀伤力。特朗普的贸易政策在全球范围内制造了很大的不确定性，而投资者最需要规避的就是不确定性，因此贸易争端将对中国的产业链产生长远影响，但也让美国损失惨重。1960 年，受经济制裁、关税等“经济武器”影响的美国贸易占比不到 1%。此后，美国贸易受经济制裁的影响持续增大，但也仅占 5%。但到了特朗普时期，关税政策则至少将 13%的美国贸易带入了经济争端。[1] 穆迪的分析估计，仅 2019 年贸易争端就造成了 30 万美国人失业，GDP 损失达 0. 3%。纽约联储和哥伦比亚大学的经济学家估计，美国公司因贸易争端而在股市中造成的损失达到 1. 7 万亿美元。

关税政策的长期影响不可低估。在与中国的贸易争端发生后，国际著名投行美林证券（Merrill Lynch）在一项研究中发现，其横跨 12 个产业的客户中有 80%的受访者在重新审视其供应链规划。2019 年麦肯锡公司估计，有 16%到 26% 的出口商品生产商有可

〔1〕 https：//www. ncbi. nlm. nih. gov/pmc/articles/PMC7518878/pdf/main. pdf.

能在之后 5 年中迁往他国。有的国家，如日本、印度及多个东南亚国家，已经在跃跃欲试，鼓励产业搬迁，将有关机会吸引到本国。但是，这些举措受到大国政策变化的影响很大，而搬迁一个重要的生产场地和支持链通常需要准备 3—5 年时间，因此这一“不确定性”的影响仍然处于不明显阶段。

资料来源：彭博社。

图 6-5　日本政府专门划拨相当于 2435 亿元人民币的款项帮助日本公司将产业链迁出中国

在关税政策的边际效应减弱之际，美国绝不会羞于使用短期成本低、打击精准、过期作废但当下仍行之有效的金融制裁。特朗普时期针对有军方背景中国公司的制裁在拜登上台后继续得到执行，这从摩根大通将华为两个子公司从其固定收益基金中除名这个决定中可以看出。

在着眼于长远规划的制度建设上，中国加速了与制裁相关的立法，出台了反制裁法，并且渐进地推动人民币国际化。中国央行、中国香港金管局与阿联酋、泰国正在研发的区块链数字货币桥梁项目如果成功，将会对世界金融制裁格局产生重要影响。央行数字货币的跨境支付将会有助于加速人民币国际化。人民币在全球金融领域占领的阵地越多，美元金融制裁就会在越来越多的空间失去效力。

在着眼于长远规划的制度建设上，中国加速了与制裁相关的立法，出台了反制裁法，并且渐进地推动人民币国际化。

虽然在很多数据中见不到，但是人民币国际化程度实际上在持续上升。著名的投资研究所东方汇理资产管理公司（Amundi）在2021年6月发表的一份报告称，SWIFT交易数据往往给人一种人民币国际化进程“停滞不前”的错觉，因为人民币在全球“支付市场”的份额已经连续6年低于3%（如下图），其受欢迎程度似乎排在美元、欧元、英镑和日元之后。[1]

该报告说，这低估了在SWIFT平台之外发生的人民币结算，因为中国于2015年10月推出了自己的人民币跨境支付系统（CIPS）。5年多以来，通过人民

〔1〕 https：//research-center.amundi.com/article/rmb-internationalisation-new-commanding-heights.

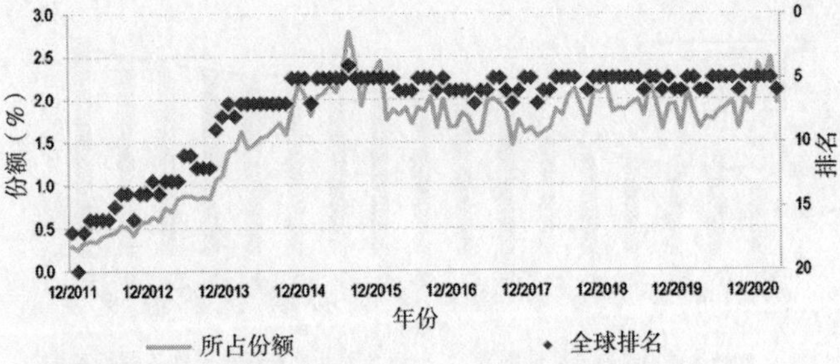

资料来源：东方汇理资产管理公司调查报告。

图6-6　人民币在SWIFT中的份额和排名变化情况

币跨境支付系统（CIPS）的交易已从零增加到2020年的45.2万亿元人民币。2016年至2017年间，贸易和投资中的跨境人民币结算在2020年增长了两倍，比SWIFT交易显示的速度要快得多。

该报告还发现，当“投融资需求”在2016年年底开始超过“贸易流量”时，使用人民币的潜在驱动力发生了变化。中国在岸市场与世界其他地区的融合见证了全球资产配置到人民币资产的增加。人民币在全球外汇储备中的份额翻了一番多，从2016年第四季度的0.8%增至2020年第四季度的2.1%（见下图）。

截至2021年3月末，非居民投资者（多为外国投资者）共持有中国A股人民币3.4万亿元，是2016年年末的5倍；外国投资者持有的中国国内债

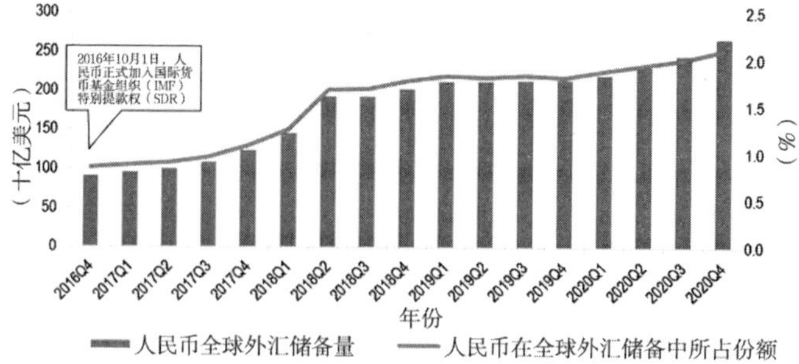

资料来源：国际货币基金组织、东方汇理资产管理公司调查报告。

图 6-7　人民币在全球外汇储备中份额的变化情况

券市场的头寸增至 3.7 万亿元，是 2016 年年底的 4 倍（见下图）。

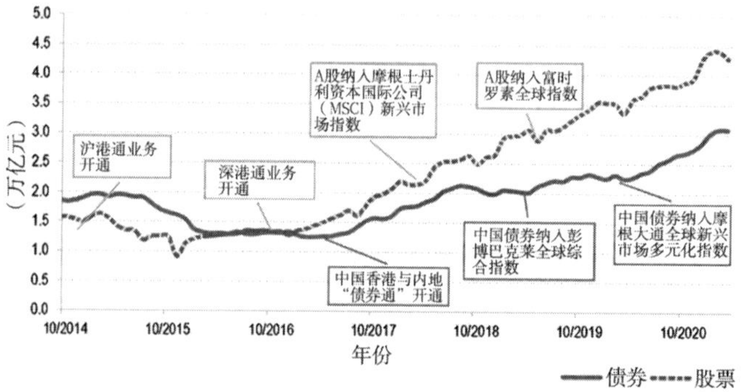

资料来源：中国人民银行、亚洲经济数据库、东方汇理资产管理公司调查报告。

图 6-8　中国国内债券市场上的外国投资情况

根据该报告，2021 年第一季度，人民币跨境收支占中国国际收支流量的比重从 2016 年的不到 20%

上升到近50%。这与亚洲经济体和“一带一路”沿线经济体的交易增长迅速有关，得益于相关国家的一系列人民币“离岸清算”银行，以及中国人民银行与同业央行之间的双边货币互换协议的建立。亚洲国家中央银行之间的多边合作取得了重要进展，清迈协议修正案（CMIM）现在允许使用除美元外的成员当地货币在总容量为2400亿美元以内进行融资。该报告认定，人民币正在发展“锚定角色”，为建立一种类似于欧盟经济一体化产生之前的“稳定货币汇率”而努力：中国人民银行选择容忍美元/人民币汇率较高的波动性，以换取人民币兑换其他亚洲货币的“较低波动性”，来构筑“锚定功能”，而无须建立实际的“亚洲货币集团”。

正如新冠肺炎疫情肆虐下的经济萧条促使国际机构将新兴经济体的投资配额集中投入中国一样，新冠肺炎疫情会持续对各国经济带来较大冲击。

最后，正如新冠肺炎疫情肆虐下的经济萧条促使国际机构将新兴经济体的投资配额集中投入中国一样，新冠肺炎疫情会持续对各国经济带来较大冲击。2020年美国吸引的外国直接投资总额减少，中国取而代之一跃成为外国直接投资最大流入国。这一现象也许只是暂时的，但意味深长。中国要摆脱美欧金融制裁的影响，仍有大量工作要做，仍有许多障碍要克服，但人们有理由相信，这一天终将会到来。